中华人民共和国
新法规汇编

2018
第3辑

国务院法制办公室　编

中国法制出版社

编辑说明

一、《中华人民共和国新法规汇编》是国家出版的法律、行政法规汇编正式版本，是刊登报国务院备案并予以登记的部门规章的指定出版物。

二、本汇编收集的内容包括：上一个月内由全国人民代表大会及其常务委员会通过的法律和有关法律问题的决定，国务院公布的行政法规和国务院文件，报国务院备案并予以登记的部门规章，最高人民法院和最高人民检察院公布的司法解释。另外，还收入了上一个月内报国务院备案并予以登记的地方性法规和地方政府规章目录。

三、本汇编所收的内容，按下列分类顺序编排：法律，行政法规，国务院文件，国务院部门规章，司法解释。每类中按公布的时间顺序排列。报国务院备案并予以登记的地方性法规和地方政府规章目录按1987年国务院批准的行政区划顺序排列；同一行政区域报备两件以上者，按公布时间顺序排列。

四、本汇编每年出版12辑，每月出版1辑。本辑为2018年度第3辑，收入2018年2月份内公布的有关法律问题的决定2件，选收国务院文件3件，报国务院备案并经审查予以登记编号的部门规章14件，司法解释4件，补收2018年1月份内公布的国务院文件2件，共计25件。

五、本汇编在编辑出版过程中，得到了国务院有关部门和有关方面以及广大读者的大力支持和协助，在此谨致谢意。

国务院法制办公室

2018年3月

目　录

有关法律问题的决定

国务院文件

国务院部门规章

司法解释

有关法律问题的决定

全国人民代表大会常务委员会关于实行宪法宣誓制度的决定

（2015 年 7 月 1 日第十二届全国人民代表大会常务委员会第十五次会议通过　2018 年 2 月 24 日第十二届全国人民代表大会常务委员会第三十三次会议修订）

宪法是国家的根本法，是治国安邦的总章程，具有最高的法律地位、法律权威、法律效力。国家工作人员必须树立宪法意识，恪守宪法原则，弘扬宪法精神，履行宪法使命。为彰显宪法权威，激励和教育国家工作人员忠于宪法、遵守宪法、维护宪法，加强宪法实施，全国人民代表大会常务委员会决定：

一、各级人民代表大会及县级以上各级人民代表大会常务委员会选举或者决定任命的国家工作人员，以及各级人民政府、监察委员会、人民法院、人民检察院任命的国家工作人员，在就职时应当公开进行宪法宣誓。

二、宣誓誓词如下：

我宣誓：忠于中华人民共和国宪法，维护宪法权威，履行法定职责，忠于祖国、忠于人民，恪尽职守、廉洁奉公，接受人民监督，为建设富强民主文明和谐美丽的社会主义现代化强国努力奋斗！

三、全国人民代表大会选举或者决定任命的中华人民共和国主席、副主席，全国人民代表大会常务委员会委员长、副委员长、秘书长、委员，国务院总理、副总理、国务委员、各部部长、各委员会主任、中国人民银行行长、审计长、秘书长，中华人民共和国中央军事委员会主席、副主席、委员，国家监察委员会主任，最高人民法院院长，最高人民检察院检察长，以及全国人民代表大会专门委员会主任委员、副主任委员、委员等，在依照法定程序产生后，进行宪法宣誓。宣誓仪式由全国人民代表大会会议主席团组织。

四、在全国人民代表大会闭会期间，全国人民代表大会常务委员会任命或者决定任命的全国人民代表大会专门委员会个别副主任委员、委员，国务院部长、委员会主任、中国人民银行行长、审计长、秘书长，中华人民共和国中央军事委员会副主席、委员，在依照法定程序产生后，进行宪法宣誓。宣誓仪式由全国人民代表大会常务委员会委员长会议组织。

五、全国人民代表大会常务委员会任命的全国人民代表大会常务委员会副秘书长，全国人民代表大会常务委员会工作委员会主任、副主任、委员，全国人民代表大会常务委员会代表资格审查委员会主任委员、副主任委员、委员等，在依照法定程序产生后，进行宪法宣誓。宣誓仪式由全国人民代表大会常务委员会委员长会议组织。

六、全国人民代表大会常务委员会任命或者决定任命的国家监察委员会副主任、委员，最高人民法院副院长、审判委员会委员、庭长、副庭长、审判员和军事法院院长，最高人民检察院副检察长、检察委员会委员、检察员和军事检察院检察长，中华人民共和国驻外全权代表，在依照法定程序产生后，进行宪法宣誓。宣誓仪式由国家监察委员会、最高人民法院、最高人民检察院、外交部分别组织。

七、国务院及其各部门、国家监察委员会、最高人民法院、最高人民检察院任命的国家工作人员，在就职时进行宪法宣誓。宣誓仪式由任命机关组织。

八、宣誓仪式根据情况，可以采取单独宣誓或者集体宣誓的形式。单独宣誓时，宣誓人应当左手抚按《中华人民共和国宪法》，右手举拳，诵读誓词。集体宣誓时，由一人领誓，领誓人左手抚按《中华人民共和国宪法》，右手举拳，领诵誓词；其他宣誓人整齐排列，右手举拳，跟诵誓词。

宣誓场所应当庄重、严肃，悬挂中华人民共和国国旗或者国徽。宣誓仪式应当奏唱中华人民共和国国歌。

负责组织宣誓仪式的机关，可以根据本决定并结合实际情况，对宣誓的具体事项作出规定。

九、地方各级人民代表大会及县级以上地方各级人民代表大会常务委员会选举或者决定任命的国家工作人员，以及地方各级人民政府、监察委员会、人民法院、人民检察院任命的国家工作人员，在依照法定程序产生后，进行宪法宣誓。宣誓的具体组织办法由省、自治区、直辖市人民代表大会常务委员会参照本决定制定，报全国人民代表大会常务委员会备案。

十、本决定自 2018 年 3 月 12 日起施行。

全国人民代表大会常务委员会关于延长授权国务院在实施股票发行注册制改革中调整适用《中华人民共和国证券法》有关规定期限的决定

（2018 年 2 月 24 日第十二届全国人民代表大会常务委员会第三十三次会议通过）

为了稳步推进实施股票发行注册制改革，进一步发挥资本市场服务实体经济的基础功能，第十二届全国人民代表大会常务委员会第三十三次会议决定：2015 年 12 月 27 日第十二届全国人民代表大会常务委员会第十八次会议授权国务院在实施股票发行注册制改革中调整适用《中华人民共和国证券法》有关规定的决定施行期限届满后，期限延长二年至 2020 年 2 月 29 日。国务院应当及时总结实践经验，于延长期满前，提出修改法律相关规定的意见。

国务院要进一步加强对股票发行注册制改革工作的组织领导，并将股票发行注册制改革具体实施方案报全国人民代表大会常务委员会备案。国务院证券监督管理机构要继续创造条件，积极推进股票发行注册制改革，并会同有关部门加强事前事中事后全过程监管，防范和化解风险，切实保护投资者合法权益。

本决定自 2018 年 2 月 25 日起施行。

国务院文件

中共中央、国务院关于实施乡村振兴战略的意见

（2018 年 1 月 2 日）

实施乡村振兴战略，是党的十九大作出的重大决策部署，是决胜全面建成小康社会、全面建设社会主义现代化国家的重大历史任务，是新时代“三农”工作的总抓手。现就实施乡村振兴战略提出如下意见。

一、新时代实施乡村振兴战略的重大意义

党的十八大以来，在以习近平同志为核心的党中央坚强领导下，我们坚持把解决好“三农”问题作为全党工作重中之重，持续加大强农惠农富农政策力度，扎实推进农业现代化和新农村建设，全面深化农村改革，农业农村发展取得了历史性成就，为党和国家事业全面开创新局面提供了重要支撑。5 年来，粮食生产能力跨上新台阶，农业供给侧结构性改革迈出新步伐，农民收入持续增长，农村民生全面改善，脱贫攻坚战取得决定性进展，农村生态文明建设显著加强，农民获得感显著提升，农村社会稳定和谐。农业农村发展取得的重大成就和“三农”工作积累的丰富经验，为实施乡村振兴战略奠定了良好基础。

农业农村农民问题是关系国计民生的根本性问题。没有农业农村的现代化，就没有国家的现代化。当前，我国发展不平衡不充分问题在乡村最为突出，主要表现在：农产品阶段性供过于求和供给不足并存，农业供给质量亟待提高；农民适应生产力发展和市场

竞争的能力不足，新型职业农民队伍建设亟需加强；农村基础设施和民生领域欠账较多，农村环境和生态问题比较突出，乡村发展整体水平亟待提升；国家支农体系相对薄弱，农村金融改革任务繁重，城乡之间要素合理流动机制亟待健全；农村基层党建存在薄弱环节，乡村治理体系和治理能力亟待强化。实施乡村振兴战略，是解决人民日益增长的美好生活需要和不平衡不充分的发展之间矛盾的必然要求，是实现“两个一百年”奋斗目标的必然要求，是实现全体人民共同富裕的必然要求。

在中国特色社会主义新时代，乡村是一个可以大有作为的广阔天地，迎来了难得的发展机遇。我们有党的领导的政治优势，有社会主义的制度优势，有亿万农民的创造精神，有强大的经济实力支撑，有历史悠久的农耕文明，有旺盛的市场需求，完全有条件有能力实施乡村振兴战略。必须立足国情农情，顺势而为，切实增强责任感使命感紧迫感，举全党全国全社会之力，以更大的决心、更明确的目标、更有力的举措，推动农业全面升级、农村全面进步、农民全面发展，谱写新时代乡村全面振兴新篇章。

二、实施乡村振兴战略的总体要求

（一）指导思想。全面贯彻党的十九大精神，以习近平新时代中国特色社会主义思想为指导，加强党对“三农”工作的领导，坚持稳中求进工作总基调，牢固树立新发展理念，落实高质量发展的要求，紧紧围绕统筹推进“五位一体”总体布局和协调推进“四个全面”战略布局，坚持把解决好“三农”问题作为全党工作重中之重，坚持农业农村优先发展，按照产业兴旺、生态宜居、乡风文明、治理有效、生活富裕的总要求，建立健全城乡融合发展体制机制和政策体系，统筹推进农村经济建设、政治建设、文化建设、社会建设、生态文明建设和党的建设，加快推进乡村治理体系和治理能力现代化，加快推进农业农村现代化，走中国特色社会主义乡村振兴道路，让农业成为有奔头的产业，让农民成为有吸引力的职业，让农村成为安居乐业的美丽家园。

（二）目标任务。按照党的十九大提出的决胜全面建成小康社会、分两个阶段实现第二个百年奋斗目标的战略安排，实施乡村振兴战略的目标任务是：

到2020年，乡村振兴取得重要进展，制度框架和政策体系基本形成。农业综合生产能力稳步提升，农业供给体系质量明显提高，农村一二三产业融合发展水平进一步提升；农民增收渠道进一步拓宽，城乡居民生活水平差距持续缩小；现行标准下农村贫困人口实现脱贫，贫困县全部摘帽，解决区域性整体贫困；农村基础设施建设深入推进，农村人居环境明显改善，美丽宜居乡村建设扎实推进；城乡基本公共服务均等化水平进一步提高，城乡融合发展体制机制初步建立；农村对人才吸引力逐步增强；农村生态环境明显好转，农业生态服务能力进一步提高；以党组织为核心的农村基层组织建设进一步加强，乡村治理体系进一步完善；党的农村工作领导体制机制进一步健全；各地区各部门推进乡村振兴的思路举措得以确立。

到2035年，乡村振兴取得决定性进展，农业农村现代化基本实现。农业结构得到根本性改善，农民就业质量显著提高，相对贫困进一步缓解，共同富裕迈出坚实步伐；城乡基本公共服务均等化基本实现，城乡融合发展体制机制更加完善；乡风文明达到新高度，乡村治理体系更加完善；农村生态环境根本好转，美丽宜居乡村基本实现。

到2050年，乡村全面振兴，农业强、农村美、农民富全面实现。

（三）基本原则

——坚持党管农村工作。毫不动摇地坚持和加强党对农村工作的领导，健全党管农村工作领导体制机制和党内法规，确保党在农村工作中始终总揽全局、协调各方，为乡村振兴提供坚强有力的政治保障。

——坚持农业农村优先发展。把实现乡村振兴作为全党的共同意志、共同行动，做到认识统一、步调一致，在干部配备上优先考虑，在要素配置上优先满足，在资金投入上优先保障，在公共服务上优先安排，加快补齐农业农村短板。

——坚持农民主体地位。充分尊重农民意愿，切实发挥农民在乡村振兴中的主体作用，调动亿万农民的积极性、主动性、创造性，把维护农民群众根本利益、促进农民共同富裕作为出发点和落脚点，促进农民持续增收，不断提升农民的获得感、幸福感、安全感。

——坚持乡村全面振兴。准确把握乡村振兴的科学内涵，挖掘乡村多种功能和价值，统筹谋划农村经济建设、政治建设、文化建设、社会建设、生态文明建设和党的建设，注重协同性、关联性，整体部署，协调推进。

——坚持城乡融合发展。坚决破除体制机制弊端，使市场在资源配置中起决定性作用，更好发挥政府作用，推动城乡要素自由流动、平等交换，推动新型工业化、信息化、城镇化、农业现代化同步发展，加快形成工农互促、城乡互补、全面融合、共同繁荣的新型工农城乡关系。

——坚持人与自然和谐共生。牢固树立和践行绿水青山就是金山银山的理念，落实节约优先、保护优先、自然恢复为主的方针，统筹山水林田湖草系统治理，严守生态保护红线，以绿色发展引领乡村振兴。

——坚持因地制宜、循序渐进。科学把握乡村的差异性和发展走势分化特征，做好顶层设计，注重规划先行、突出重点、分类施策、典型引路。既尽力而为，又量力而行，不搞层层加码，不搞一刀切，不搞形式主义，久久为功，扎实推进。

三、提升农业发展质量，培育乡村发展新动能

乡村振兴，产业兴旺是重点。必须坚持质量兴农、绿色兴农，以农业供给侧结构性改革为主线，加快构建现代农业产业体系、生产体系、经营体系，提高农业创新力、竞争力和全要素生产率，加快实现由农业大国向农业强国转变。

（一）夯实农业生产能力基础。深入实施藏粮于地、藏粮于技战略，严守耕地红线，确保国家粮食安全，把中国人的饭碗牢牢端在自己手中。全面落实永久基本农田特殊保护制度，加快划定和建设粮食生产功能区、重要农产品生产保护区，完善支持政策。大规模推进农村土地整治和高标准农田建设，稳步提升耕地质量，强化监督考核和地方政府责任。加强农田水利建设，提高抗旱防洪除涝能力。实施国家农业节水行动，加快灌区续建配套与现代化改造，推进小型农田水利设施达标提质，建设一批重大高效节水灌溉工程。加快建设国家农业科技创新体系，加强面向全行业的科技创新基地建设。深化农业科技成果转化和推广应用改革。加快发展现代农作物、畜禽、水产、林木种业，提升自主创新能力。高标准建设国家南繁育种基地。推进我国农机装备产业转型升级，加强科研机构、设备制造企业联合攻关，进一步提高大宗农作物机械国产化水平，加快研发经济作物、养殖业、丘陵山区农林机械，发展高端农机装备制造。优化农业从业者结构，加快建设知识型、技能型、创新型农业经营者队伍。大力发展数字农业，实施智慧农业林业水利工程，推进物联网试验示范和遥感技术应用。

（二）实施质量兴农战略。制定和实施国家质量兴农战略规划，建立健全质量兴农评价体系、政策体系、工作体系和考核体系。深入推进农业绿色化、优质化、特色化、品牌化，调整优化农业生产力布局，推动农业由增产导向转向提质导向。推进特色农产品优势区创建，建设现代农业产业园、农业科技园。实施产业兴村强县行动，推行标准化生产，培育农产品品牌，保护地理标志农产品，打造一村一品、一县一业发展新格局。加快发展现代高效林业，实施兴林富民行动，推进森林生态标志产品建设工程。加强植物病虫害、动物疫病防控体系建设。优化养殖业空间布局，大力发展绿色生态健康养殖，做大做强民族奶业。统筹海洋渔业资源开发，科学布局近远海养殖和远洋渔业，建设现代化海洋牧场。建立产学研融合的农业科技创新联盟，加强农业绿色生态、提质增效技术研发应用。切实发挥农垦在质量兴农中的带动引领作用。实施食品安全战略,完善农产品质量和食品安全标准体系,加强农业投入品和农产品质量安全追溯体系建设,健全农产品质量和食品安全监管体制,重点提高基层监管能力。

(三)构建农村一二三产业融合发展体系。大力开发农业多种功能,延长产业链、提升价值链、完善利益链,通过保底分红、股份合作、利润返还等多种形式,让农民合理分享全产业链增值收益。实施农产品加工业提升行动,鼓励企业兼并重组,淘汰落后产能,支持主产区农产品就地加工转化增值。重点解决农产品销售中的突出问题,加强农产品产后分级、包装、营销,建设现代化农产品冷链仓储物流体系,打造农产品销售公共服务平台,支持供销、邮政及各类企业把服务网点延伸到乡村,健全农产品产销稳定衔接机制,大力建设具有广泛性的促进农村电子商务发展的基础设施,鼓励支持各类市场主体创新发展基于互联网的新型农业产业模式,深入实施电子商务进农村综合示范,加快推进农村流通现代化。实施休闲农业和乡村旅游精品工程,建设一批设施完备、功能多样的休闲观光园区、森林人家、康养基地、乡村民宿、特色小镇。对利用闲置农房发展民宿、养老等项目,研究出台消防、特种行业经营等领域便利市场准入、加强事中事后监管的管理办法。发展乡村共享经济、创意农业、特色文化产业。

(四)构建农业对外开放新格局。优化资源配置,着力节本增效,提高我国农产品国际竞争力。实施特色优势农产品出口提升行动,扩大高附加值农产品出口。建立健全我国农业贸易政策体系。深化与"一带一路"沿线国家和地区农产品贸易关系。积极支持农业走出去,培育具有国际竞争力的大粮商和农业企业集团。积极参与全球粮食安全治理和农业贸易规则制定,促进形成更加公平合理的农业国际贸易秩序。进一步加大农产品反走私综合治理力度。

(五)促进小农户和现代农业发展有机衔接。统筹兼顾培育新型农业经营主体和扶持小农户,采取有针对性的措施,把小农生产引入现代农业发展轨道。培育各类专业化市场化服务组织,推进农业生产全程社会化服务,帮助小农户节本增效。发展多样化的联合与合作,提升小农户组织化程度。注重发挥新型农业经营主体带动作用,打造区域公用品牌,开展农超对接、农社对接,帮助小农户对接市场。扶持小农户发展生态农业、设施农业、体验农业、定制农业,提高产品档次和附加值,拓展增收空间。改善小农户生产设施条件,提升小农户抗风险能力。研究制定扶持小农生产的政策意见。

四、推进乡村绿色发展,打造人与自然和谐共生发展新格局

乡村振兴,生态宜居是关键。良好生态环境是农村最大优势和宝贵财富。必须尊重自然、顺应自然、保护自然,推动乡村自然资本加快增值,实现百姓富、生态美的统一。

(一)统筹山水林田湖草系统治理。把山水林田湖草作为一个生命共同体,进行统一保护、统一修复。实施重要生态系统保护和修复工程。健全耕地草原森林河流湖泊休养生息制度,分类有序退出超载的边际产能。扩大耕地轮作休耕制度试点。科学划定江河湖海限捕、禁捕区域,健全水生生态保护修复制度。实行水资源消耗总量和强度双控行动。开展河湖水系连通和农村河塘清淤整治,全面推行河长制、湖长制。加大农业水价综合改革工作力度。开展国土绿化行动,推进荒漠化、石漠化、水土流失综合治理。强化湿地保护和恢复,继续开展退耕还湿。完善天然林保护制度,把所有天然林都纳入保护范围。扩大退耕还林还草、退牧还草,建立成果巩固长效机制。继续实施三北防护林体系建设等林业重点工程,实施森林质量精准提升工程。继续实施草原生态保护补助奖励政策。实施生物多样性保护重大工程,有效防范外来生物入侵。

(二)加强农村突出环境问题综合治理。加强农业面源污染防治,开展农业绿色发展行动,实现投入品减量化、生产清洁化、废弃物资源化、产业模式生态化。推进有机肥替代化肥、畜禽粪污处

理、农作物秸秆综合利用、废弃农膜回收、病虫害绿色防控。加强农村水环境治理和农村饮用水水源保护，实施农村生态清洁小流域建设。扩大华北地下水超采区综合治理范围。推进重金属污染耕地防控和修复，开展土壤污染治理与修复技术应用试点，加大东北黑土地保护力度。实施流域环境和近岸海域综合治理。严禁工业和城镇污染向农业农村转移。加强农村环境监管能力建设，落实县乡两级农村环境保护主体责任。

（三）建立市场化多元化生态补偿机制。落实农业功能区制度，加大重点生态功能区转移支付力度，完善生态保护成效与资金分配挂钩的激励约束机制。鼓励地方在重点生态区位推行商品林赎买制度。健全地区间、流域上下游之间横向生态保护补偿机制，探索建立生态产品购买、森林碳汇等市场化补偿制度。建立长江流域重点水域禁捕补偿制度。推行生态建设和保护以工代赈做法，提供更多生态公益岗位。

（四）增加农业生态产品和服务供给。正确处理开发与保护的关系，运用现代科技和管理手段，将乡村生态优势转化为发展生态经济的优势，提供更多更好的绿色生态产品和服务，促进生态和经济良性循环。加快发展森林草原旅游、河湖湿地观光、冰雪海上运动、野生动物驯养观赏等产业，积极开发观光农业、游憩休闲、健康养生、生态教育等服务。创建一批特色生态旅游示范村镇和精品线路，打造绿色生态环保的乡村生态旅游产业链。

五、繁荣兴盛农村文化，焕发乡风文明新气象

乡村振兴，乡风文明是保障。必须坚持物质文明和精神文明一起抓，提升农民精神风貌，培育文明乡风、良好家风、淳朴民风，不断提高乡村社会文明程度。

（一）加强农村思想道德建设。以社会主义核心价值观为引领，坚持教育引导、实践养成、制度保障三管齐下，采取符合农村特点的有效方式，深化中国特色社会主义和中国梦宣传教育，大力弘扬民族精神和时代精神。加强爱国主义、集体主义、社会主义教

育，深化民族团结进步教育，加强农村思想文化阵地建设。深入实施公民道德建设工程，挖掘农村传统道德教育资源，推进社会公德、职业道德、家庭美德、个人品德建设。推进诚信建设，强化农民的社会责任意识、规则意识、集体意识、主人翁意识。

（二）传承发展提升农村优秀传统文化。立足乡村文明，吸取城市文明及外来文化优秀成果，在保护传承的基础上，创造性转化、创新性发展，不断赋予时代内涵、丰富表现形式。切实保护好优秀农耕文化遗产，推动优秀农耕文化遗产合理适度利用。深入挖掘农耕文化蕴含的优秀思想观念、人文精神、道德规范，充分发挥其在凝聚人心、教化群众、淳化民风中的重要作用。划定乡村建设的历史文化保护线，保护好文物古迹、传统村落、民族村寨、传统建筑、农业遗迹、灌溉工程遗产。支持农村地区优秀戏曲曲艺、少数民族文化、民间文化等传承发展。

（三）加强农村公共文化建设。按照有标准、有网络、有内容、有人才的要求，健全乡村公共文化服务体系。发挥县级公共文化机构辐射作用，推进基层综合性文化服务中心建设，实现乡村两级公共文化服务全覆盖，提升服务效能。深入推进文化惠民，公共文化资源要重点向乡村倾斜，提供更多更好的农村公共文化产品和服务。支持“三农”题材文艺创作生产，鼓励文艺工作者不断推出反映农民生产生活尤其是乡村振兴实践的优秀文艺作品，充分展示新时代农村农民的精神面貌。培育挖掘乡土文化本土人才，开展文化结对帮扶，引导社会各界人士投身乡村文化建设。活跃繁荣农村文化市场，丰富农村文化业态，加强农村文化市场监管。

（四）开展移风易俗行动。广泛开展文明村镇、星级文明户、文明家庭等群众性精神文明创建活动。遏制大操大办、厚葬薄养、人情攀比等陈规陋习。加强无神论宣传教育，丰富农民群众精神文化生活，抵制封建迷信活动。深化农村殡葬改革。加强农村科普工作，提高农民科学文化素养。

六、加强农村基层基础工作，构建乡村治理新体系

乡村振兴，治理有效是基础。必须把夯实基层基础作为固本之策，建立健全党委领导、政府负责、社会协同、公众参与、法治保障的现代乡村社会治理体制，坚持自治、法治、德治相结合，确保乡村社会充满活力、和谐有序。

（一）加强农村基层党组织建设。扎实推进抓党建促乡村振兴，突出政治功能，提升组织力，抓乡促村，把农村基层党组织建成坚强战斗堡垒。强化农村基层党组织领导核心地位，创新组织设置和活动方式，持续整顿软弱涣散村党组织，稳妥有序开展不合格党员处置工作，着力引导农村党员发挥先锋模范作用。建立选派第一书记工作长效机制，全面向贫困村、软弱涣散村和集体经济薄弱村党组织派出第一书记。实施农村带头人队伍整体优化提升行动，注重吸引高校毕业生、农民工、机关企事业单位优秀党员干部到村任职，选优配强村党组织书记。健全从优秀村党组织书记中选拔乡镇领导干部、考录乡镇机关公务员、招聘乡镇事业编制人员制度。加大在优秀青年农民中发展党员力度。建立农村党员定期培训制度。全面落实村级组织运转经费保障政策。推行村级小微权力清单制度，加大基层小微权力腐败惩处力度。严厉整治惠农补贴、集体资产管理、土地征收等领域侵害农民利益的不正之风和腐败问题。

（二）深化村民自治实践。坚持自治为基，加强农村群众性自治组织建设，健全和创新村党组织领导的充满活力的村民自治机制。推动村党组织书记通过选举担任村委会主任。发挥自治章程、村规民约的积极作用。全面建立健全村务监督委员会，推行村级事务阳光工程。依托村民会议、村民代表会议、村民议事会、村民理事会、村民监事会等，形成民事民议、民事民办、民事民管的多层次基层协商格局。积极发挥新乡贤作用。推动乡村治理重心下移，尽可能把资源、服务、管理下放到基层。继续开展以村民小组或自然村为基本单元的村民自治试点工作。加强农村社区治理创

新。创新基层管理体制机制，整合优化公共服务和行政审批职责，打造“一门式办理”、“一站式服务”的综合服务平台。在村庄普遍建立网上服务站点，逐步形成完善的乡村便民服务体系。大力培育服务性、公益性、互助性农村社会组织，积极发展农村社会工作和志愿服务。集中清理上级对村级组织考核评比多、创建达标多、检查督查多等突出问题。维护村民委员会、农村集体经济组织、农村合作经济组织的特别法人地位和权利。

（三）建设法治乡村。坚持法治为本，树立依法治理理念，强化法律在维护农民权益、规范市场运行、农业支持保护、生态环境治理、化解农村社会矛盾等方面的权威地位。增强基层干部法治观念、法治为民意识，将政府涉农各项工作纳入法治化轨道。深入推进综合行政执法改革向基层延伸，创新监管方式，推动执法队伍整合、执法力量下沉，提高执法能力和水平。建立健全乡村调解、县市仲裁、司法保障的农村土地承包经营纠纷调处机制。加大农村普法力度，提高农民法治素养，引导广大农民增强尊法学法守法用法意识。健全农村公共法律服务体系，加强对农民的法律援助和司法救助。

（四）提升乡村德治水平。深入挖掘乡村熟人社会蕴含的道德规范，结合时代要求进行创新，强化道德教化作用，引导农民向上向善、孝老爱亲、重义守信、勤俭持家。建立道德激励约束机制，引导农民自我管理、自我教育、自我服务、自我提高，实现家庭和睦、邻里和谐、干群融洽。广泛开展好媳妇、好儿女、好公婆等评选表彰活动，开展寻找最美乡村教师、医生、村官、家庭等活动。深入宣传道德模范、身边好人的典型事迹，弘扬真善美，传播正能量。

（五）建设平安乡村。健全落实社会治安综合治理领导责任制，大力推进农村社会治安防控体系建设，推动社会治安防控力量下沉。深入开展扫黑除恶专项斗争，严厉打击农村黑恶势力、宗族恶势力，严厉打击黄赌毒盗拐骗等违法犯罪。依法加大对农村非法宗教活动和境外渗透活动打击力度，依法制止利用宗教干预农村公共事务,继续整治农村乱建庙宇、滥塑宗教造像。完善县乡村三级综治中心功能和运行机制。健全农村公共安全体系,持续开展农村安全隐患治理。加强农村警务、消防、安全生产工作,坚决遏制重特大安全事故。探索以网格化管理为抓手、以现代信息技术为支撑,实现基层服务和管理精细化精准化。推进农村"雪亮工程"建设。

七、提高农村民生保障水平,塑造美丽乡村新风貌

乡村振兴,生活富裕是根本。要坚持人人尽责、人人享有,按照抓重点、补短板、强弱项的要求,围绕农民群众最关心最直接最现实的利益问题,一件事情接着一件事情办,一年接着一年干,把乡村建设成为幸福美丽新家园。

(一)优先发展农村教育事业。高度重视发展农村义务教育,推动建立以城带乡、整体推进、城乡一体、均衡发展的义务教育发展机制。全面改善薄弱学校基本办学条件,加强寄宿制学校建设。实施农村义务教育学生营养改善计划。发展农村学前教育。推进农村普及高中阶段教育,支持教育基础薄弱县普通高中建设,加强职业教育,逐步分类推进中等职业教育免除学杂费。健全学生资助制度,使绝大多数农村新增劳动力接受高中阶段教育、更多接受高等教育。把农村需要的人群纳入特殊教育体系。以市县为单位,推动优质学校辐射农村薄弱学校常态化。统筹配置城乡师资,并向乡村倾斜,建好建强乡村教师队伍。

(二)促进农村劳动力转移就业和农民增收。健全覆盖城乡的公共就业服务体系,大规模开展职业技能培训,促进农民工多渠道转移就业,提高就业质量。深化户籍制度改革,促进有条件、有意愿、在城镇有稳定就业和住所的农业转移人口在城镇有序落户,依法平等享受城镇公共服务。加强扶持引导服务,实施乡村就业创业促进行动,大力发展文化、科技、旅游、生态等乡村特色产业,振兴传统工艺。培育一批家庭工场、手工作坊、乡村车间,鼓励在乡村地区兴办环境友好型企业,实现乡村经济多元化,提供更多就业岗位。拓宽农民增收渠道，鼓励农民勤劳守法致富，增加农村低收入者收入，扩大农村中等收入群体，保持农村居民收入增速快于城镇居民。

（三）推动农村基础设施提挡升级。继续把基础设施建设重点放在农村，加快农村公路、供水、供气、环保、电网、物流、信息、广播电视等基础设施建设，推动城乡基础设施互联互通。以示范县为载体全面推进“四好农村路”建设，加快实施通村组硬化路建设。加大成品油消费税转移支付资金用于农村公路养护力度。推进节水供水重大水利工程，实施农村饮水安全巩固提升工程。加快新一轮农村电网改造升级，制定农村通动力电规划，推进农村可再生能源开发利用。实施数字乡村战略，做好整体规划设计，加快农村地区宽带网络和第四代移动通信网络覆盖步伐，开发适应“三农”特点的信息技术、产品、应用和服务，推动远程医疗、远程教育等应用普及，弥合城乡数字鸿沟。提升气象为农服务能力。加强农村防灾减灾救灾能力建设。抓紧研究提出深化农村公共基础设施管护体制改革指导意见。

（四）加强农村社会保障体系建设。完善统一的城乡居民基本医疗保险制度和大病保险制度，做好农民重特大疾病救助工作。巩固城乡居民医保全国异地就医联网直接结算。完善城乡居民基本养老保险制度，建立城乡居民基本养老保险待遇确定和基础养老金标准正常调整机制。统筹城乡社会救助体系，完善最低生活保障制度，做好农村社会救助兜底工作。将进城落户农业转移人口全部纳入城镇住房保障体系。构建多层次农村养老保障体系，创新多元化照料服务模式。健全农村留守儿童和妇女、老年人以及困境儿童关爱服务体系。加强和改善农村残疾人服务。

（五）推进健康乡村建设。强化农村公共卫生服务，加强慢性病综合防控，大力推进农村地区精神卫生、职业病和重大传染病防治。完善基本公共卫生服务项目补助政策，加强基层医疗卫生服务体系建设，支持乡镇卫生院和村卫生室改善条件。加强乡村中医药服务。开展和规范家庭医生签约服务,加强妇幼、老人、残疾人等重点人群健康服务。倡导优生优育。深入开展乡村爱国卫生运动。

(六)持续改善农村人居环境。实施农村人居环境整治三年行动计划,以农村垃圾、污水治理和村容村貌提升为主攻方向,整合各种资源,强化各种举措,稳步有序推进农村人居环境突出问题治理。坚持不懈推进农村"厕所革命",大力开展农村户用卫生厕所建设和改造,同步实施粪污治理,加快实现农村无害化卫生厕所全覆盖,努力补齐影响农民群众生活品质的短板。总结推广适用不同地区的农村污水治理模式,加强技术支撑和指导。深入推进农村环境综合整治。推进北方地区农村散煤替代,有条件的地方有序推进煤改气、煤改电和新能源利用。逐步建立农村低收入群体安全住房保障机制。强化新建农房规划管控,加强"空心村"服务管理和改造。保护保留乡村风貌,开展田园建筑示范,培养乡村传统建筑名匠。实施乡村绿化行动,全面保护古树名木。持续推进宜居宜业的美丽乡村建设。

八、打好精准脱贫攻坚战,增强贫困群众获得感

乡村振兴,摆脱贫困是前提。必须坚持精准扶贫、精准脱贫,把提高脱贫质量放在首位,既不降低扶贫标准,也不吊高胃口,采取更加有力的举措、更加集中的支持、更加精细的工作,坚决打好精准脱贫这场对全面建成小康社会具有决定性意义的攻坚战。

(一)瞄准贫困人口精准帮扶。对有劳动能力的贫困人口,强化产业和就业扶持,着力做好产销衔接、劳务对接,实现稳定脱贫。有序推进易地扶贫搬迁,让搬迁群众搬得出、稳得住、能致富。对完全或部分丧失劳动能力的特殊贫困人口,综合实施保障性扶贫政策,确保病有所医、残有所助、生活有兜底。做好农村最低生活保障工作的动态化精细化管理,把符合条件的贫困人口全部纳入保障范围。

(二)聚焦深度贫困地区集中发力。全面改善贫困地区生产生活条件，确保实现贫困地区基本公共服务主要指标接近全国平均水平。以解决突出制约问题为重点，以重大扶贫工程和到村到户帮扶为抓手，加大政策倾斜和扶贫资金整合力度，着力改善深度贫困地区发展条件，增强贫困农户发展能力，重点攻克深度贫困地区脱贫任务。新增脱贫攻坚资金项目主要投向深度贫困地区，增加金融投入对深度贫困地区的支持，新增建设用地指标优先保障深度贫困地区发展用地需要。

（三）激发贫困人口内生动力。把扶贫同扶志、扶智结合起来，把救急纾困和内生脱贫结合起来，提升贫困群众发展生产和务工经商的基本技能，实现可持续稳固脱贫。引导贫困群众克服等靠要思想，逐步消除精神贫困。要打破贫困均衡，促进形成自强自立、争先脱贫的精神风貌。改进帮扶方式方法，更多采用生产奖补、劳务补助、以工代赈等机制，推动贫困群众通过自己的辛勤劳动脱贫致富。

（四）强化脱贫攻坚责任和监督。坚持中央统筹省负总责市县抓落实的工作机制，强化党政一把手负总责的责任制。强化县级党委作为全县脱贫攻坚总指挥部的关键作用，脱贫攻坚期内贫困县县级党政正职要保持稳定。开展扶贫领域腐败和作风问题专项治理，切实加强扶贫资金管理，对挪用和贪污扶贫款项的行为严惩不贷。将2018年作为脱贫攻坚作风建设年，集中力量解决突出作风问题。科学确定脱贫摘帽时间，对弄虚作假、搞数字脱贫的严肃查处。完善扶贫督查巡查、考核评估办法，除党中央、国务院统一部署外，各部门一律不准再组织其他检查考评。严格控制各地开展增加一线扶贫干部负担的各类检查考评，切实给基层减轻工作负担。关心爱护战斗在扶贫第一线的基层干部，制定激励政策，为他们工作生活排忧解难，保护和调动他们的工作积极性。做好实施乡村振兴战略与打好精准脱贫攻坚战的有机衔接。制定坚决打好精准脱贫攻坚战三年行动指导意见。研究提出持续减贫的意见。

九、推进体制机制创新，强化乡村振兴制度性供给

实施乡村振兴战略，必须把制度建设贯穿其中。要以完善产权制度和要素市场化配置为重点，激活主体、激活要素、激活市场，着力增强改革的系统性、整体性、协同性。

（一）巩固和完善农村基本经营制度。落实农村土地承包关系稳定并长久不变政策，衔接落实好第二轮土地承包到期后再延长30年的政策，让农民吃上长效“定心丸”。全面完成土地承包经营权确权登记颁证工作，实现承包土地信息联通共享。完善农村承包地“三权分置”制度，在依法保护集体土地所有权和农户承包权前提下，平等保护土地经营权。农村承包土地经营权可以依法向金融机构融资担保、入股从事农业产业化经营。实施新型农业经营主体培育工程，培育发展家庭农场、合作社、龙头企业、社会化服务组织和农业产业化联合体，发展多种形式适度规模经营。

（二）深化农村土地制度改革。系统总结农村土地征收、集体经营性建设用地入市、宅基地制度改革试点经验，逐步扩大试点，加快土地管理法修改，完善农村土地利用管理政策体系。扎实推进房地一体的农村集体建设用地和宅基地使用权确权登记颁证。完善农民闲置宅基地和闲置农房政策，探索宅基地所有权、资格权、使用权“三权分置”，落实宅基地集体所有权，保障宅基地农户资格权和农民房屋财产权，适度放活宅基地和农民房屋使用权，不得违规违法买卖宅基地，严格实行土地用途管制，严格禁止下乡利用农村宅基地建设别墅大院和私人会馆。在符合土地利用总体规划前提下，允许县级政府通过村土地利用规划，调整优化村庄用地布局，有效利用农村零星分散的存量建设用地；预留部分规划建设用地指标用于单独选址的农业设施和休闲旅游设施等建设。对利用收储农村闲置建设用地发展农村新产业新业态的，给予新增建设用地指标奖励。进一步完善设施农用地政策。

（三）深入推进农村集体产权制度改革。全面开展农村集体资产清产核资、集体成员身份确认，加快推进集体经营性资产股份合

作制改革。推动资源变资产、资金变股金、农民变股东，探索农村集体经济新的实现形式和运行机制。坚持农村集体产权制度改革正确方向，发挥村党组织对集体经济组织的领导核心作用，防止内部少数人控制和外部资本侵占集体资产。维护进城落户农民土地承包权、宅基地使用权、集体收益分配权，引导进城落户农民依法自愿有偿转让上述权益。研究制定农村集体经济组织法，充实农村集体产权权能。全面深化供销合作社综合改革，深入推进集体林权、水利设施产权等领域改革，做好农村综合改革、农村改革试验区等工作。

（四）完善农业支持保护制度。以提升农业质量效益和竞争力为目标，强化绿色生态导向，创新完善政策工具和手段，扩大“绿箱”政策的实施范围和规模，加快建立新型农业支持保护政策体系。深化农产品收储制度和价格形成机制改革，加快培育多元市场购销主体，改革完善中央储备粮管理体制。通过完善拍卖机制、定向销售、包干销售等，加快消化政策性粮食库存。落实和完善对农民直接补贴制度，提高补贴效能。健全粮食主产区利益补偿机制。探索开展稻谷、小麦、玉米三大粮食作物完全成本保险和收入保险试点，加快建立多层次农业保险体系。

十、汇聚全社会力量，强化乡村振兴人才支撑

实施乡村振兴战略，必须破解人才瓶颈制约。要把人力资本开发放在首要位置，畅通智力、技术、管理下乡通道，造就更多乡土人才，聚天下人才而用之。

（一）大力培育新型职业农民。全面建立职业农民制度，完善配套政策体系。实施新型职业农民培育工程。支持新型职业农民通过弹性学制参加中高等农业职业教育。创新培训机制，支持农民专业合作社、专业技术协会、龙头企业等主体承担培训。引导符合条件的新型职业农民参加城镇职工养老、医疗等社会保障制度。鼓励各地开展职业农民职称评定试点。

（二）加强农村专业人才队伍建设。建立县域专业人才统筹使用制度，提高农村专业人才服务保障能力。推动人才管理职能部门简政放权，保障和落实基层用人主体自主权。推行乡村教师“县管校聘”。实施好边远贫困地区、边疆民族地区和革命老区人才支持计划，继续实施“三支一扶”、特岗教师计划等，组织实施高校毕业生基层成长计划。支持地方高等学校、职业院校综合利用教育培训资源，灵活设置专业(方向)，创新人才培养模式，为乡村振兴培养专业化人才。扶持培养一批农业职业经理人、经纪人、乡村工匠、文化能人、非遗传承人等。

(三)发挥科技人才支撑作用。全面建立高等院校、科研院所等事业单位专业技术人员到乡村和企业挂职、兼职和离岗创新创业制度，保障其在职称评定、工资福利、社会保障等方面的权益。深入实施农业科研杰出人才计划和杰出青年农业科学家项目。健全种业等领域科研人员以知识产权明晰为基础、以知识价值为导向的分配政策。探索公益性和经营性农技推广融合发展机制，允许农技人员通过提供增值服务合理取酬。全面实施农技推广服务特聘计划。

(四)鼓励社会各界投身乡村建设。建立有效激励机制，以乡情乡愁为纽带，吸引支持企业家、党政干部、专家学者、医生教师、规划师、建筑师、律师、技能人才等，通过下乡担任志愿者、投资兴业、包村包项目、行医办学、捐资捐物、法律服务等方式服务乡村振兴事业。研究制定管理办法，允许符合要求的公职人员回乡任职。吸引更多人才投身现代农业，培养造就新农民。加快制定鼓励引导工商资本参与乡村振兴的指导意见，落实和完善融资贷款、配套设施建设补助、税费减免、用地等扶持政策，明确政策边界，保护好农民利益。发挥工会、共青团、妇联、科协、残联等群团组织的优势和力量，发挥各民主党派、工商联、无党派人士等积极作用，支持农村产业发展、生态环境保护、乡风文明建设、农村弱势群体关爱等。实施乡村振兴“巾帼行动”。加强对下乡组织和人员的管理服务，使之成为乡村振兴的建设性力量。

（五）创新乡村人才培育引进使用机制。建立自主培养与人才引进相结合，学历教育、技能培训、实践锻炼等多种方式并举的人力资源开发机制。建立城乡、区域、校地之间人才培养合作与交流机制。全面建立城市医生教师、科技文化人员等定期服务乡村机制。研究制定鼓励城市专业人才参与乡村振兴的政策。

十一、开拓投融资渠道，强化乡村振兴投入保障

实施乡村振兴战略，必须解决钱从哪里来的问题。要健全投入保障制度，创新投融资机制，加快形成财政优先保障、金融重点倾斜、社会积极参与的多元投入格局，确保投入力度不断增强、总量持续增加。

（一）确保财政投入持续增长。建立健全实施乡村振兴战略财政投入保障制度，公共财政更大力度向“三农”倾斜，确保财政投入与乡村振兴目标任务相适应。优化财政供给结构，推进行业内资金整合与行业间资金统筹相互衔接配合，增加地方自主统筹空间，加快建立涉农资金统筹整合长效机制。充分发挥财政资金的引导作用，撬动金融和社会资本更多投向乡村振兴。切实发挥全国农业信贷担保体系作用，通过财政担保费率补助和以奖代补等，加大对新型农业经营主体支持力度。加快设立国家融资担保基金，强化担保融资增信功能，引导更多金融资源支持乡村振兴。支持地方政府发行一般债券用于支持乡村振兴、脱贫攻坚领域的公益性项目。稳步推进地方政府专项债券管理改革，鼓励地方政府试点发行项目融资和收益自平衡的专项债券，支持符合条件、有一定收益的乡村公益性项目建设。规范地方政府举债融资行为，不得借乡村振兴之名违法违规变相举债。

（二）拓宽资金筹集渠道。调整完善土地出让收入使用范围，进一步提高农业农村投入比例。严格控制未利用地开垦，集中力量推进高标准农田建设。改进耕地占补平衡管理办法，建立高标准农田建设等新增耕地指标和城乡建设用地增减挂钩节余指标跨省域调剂机制，将所得收益通过支出预算全部用于巩固脱贫攻坚成果和支持实施乡村振兴战略。推广一事一议、以奖代补等方式，鼓励农民对直接受益的乡村基础设施建设投工投劳，让农民更多参与建设管护。

（三）提高金融服务水平。坚持农村金融改革发展的正确方向，健全适合农业农村特点的农村金融体系，推动农村金融机构回归本源，把更多金融资源配置到农村经济社会发展的重点领域和薄弱环节，更好满足乡村振兴多样化金融需求。要强化金融服务方式创新，防止脱实向虚倾向，严格管控风险，提高金融服务乡村振兴能力和水平。抓紧出台金融服务乡村振兴的指导意见。加大中国农业银行、中国邮政储蓄银行“三农”金融事业部对乡村振兴支持力度。明确国家开发银行、中国农业发展银行在乡村振兴中的职责定位，强化金融服务方式创新，加大对乡村振兴中长期信贷支持。推动农村信用社省联社改革，保持农村信用社县域法人地位和数量总体稳定，完善村镇银行准入条件，地方法人金融机构要服务好乡村振兴。普惠金融重点要放在乡村。推动出台非存款类放贷组织条例。制定金融机构服务乡村振兴考核评估办法。支持符合条件的涉农企业发行上市、新三板挂牌和融资、并购重组，深入推进农产品期货期权市场建设，稳步扩大“保险＋期货”试点，探索“订单农业＋保险＋期货（权）”试点。改进农村金融差异化监管体系，强化地方政府金融风险防范处置责任。

十二、坚持和完善党对“三农”工作的领导

实施乡村振兴战略是党和国家的重大决策部署，各级党委和政府要提高对实施乡村振兴战略重大意义的认识，真正把实施乡村振兴战略摆在优先位置，把党管农村工作的要求落到实处。

（一）完善党的农村工作领导体制机制。各级党委和政府要坚持工业农业一起抓、城市农村一起抓，把农业农村优先发展原则体现到各个方面。健全党委统一领导、政府负责、党委农村工作部门统筹协调的农村工作领导体制。建立实施乡村振兴战略领导责任制，实行中央统筹省负总责市县抓落实的工作机制。党政一把手是第一责任人，五级书记抓乡村振兴。县委书记要下大气力抓好“三农”工作，当好乡村振兴“一线总指挥”。各部门要按照职责，加强工作指导，强化资源要素支持和制度供给，做好协同配合，形成乡村振兴工作合力。切实加强各级党委农村工作部门建设，按照《中国共产党工作机关条例（试行）》有关规定，做好党的农村工作机构设置和人员配置工作，充分发挥决策参谋、统筹协调、政策指导、推动落实、督导检查等职能。各省（自治区、直辖市）党委和政府每年要向党中央、国务院报告推进实施乡村振兴战略进展情况。建立市县党政领导班子和领导干部推进乡村振兴战略的实绩考核制度，将考核结果作为选拔任用领导干部的重要依据。

（二）研究制定中国共产党农村工作条例。根据坚持党对一切工作的领导的要求和新时代“三农”工作新形势新任务新要求，研究制定中国共产党农村工作条例，把党领导农村工作的传统、要求、政策等以党内法规形式确定下来，明确加强对农村工作领导的指导思想、原则要求、工作范围和对象、主要任务、机构职责、队伍建设等，完善领导体制和工作机制，确保乡村振兴战略有效实施。

（三）加强“三农”工作队伍建设。把懂农业、爱农村、爱农民作为基本要求，加强“三农”工作干部队伍培养、配备、管理、使用。各级党委和政府主要领导干部要懂“三农”工作、会抓“三农”工作，分管领导要真正成为“三农”工作行家里手。制定并实施培训计划，全面提升“三农”干部队伍能力和水平。拓宽县级“三农”工作部门和乡镇干部来源渠道。把到农村一线工作锻炼作为培养干部的重要途径，注重提拔使用实绩优秀的干部，形成人才向农村基层一线流动的用人导向。

（四）强化乡村振兴规划引领。制定国家乡村振兴战略规划（2018－2022 年），分别明确至 2020 年全面建成小康社会和 2022 年召开党的二十大时的目标任务，细化实化工作重点和政策措施，部署若干重大工程、重大计划、重大行动。各地区各部门要编制乡村振兴地方规划和专项规划或方案。加强各类规划的统筹管理和系统衔接，形成城乡融合、区域一体、多规合一的规划体系。根据发展现状和需要分类有序推进乡村振兴，对具备条件的村庄，要加快推进城镇基础设施和公共服务向农村延伸；对自然历史文化资源丰富的村庄，要统筹兼顾保护与发展；对生存条件恶劣、生态环境脆弱的村庄，要加大力度实施生态移民搬迁。

（五）强化乡村振兴法治保障。抓紧研究制定乡村振兴法的有关工作，把行之有效的乡村振兴政策法定化，充分发挥立法在乡村振兴中的保障和推动作用。及时修改和废止不适应的法律法规。推进粮食安全保障立法。各地可以从本地乡村发展实际需要出发，制定促进乡村振兴的地方性法规、地方政府规章。加强乡村统计工作和数据开发应用。

（六）营造乡村振兴良好氛围。凝聚全党全国全社会振兴乡村强大合力，宣传党的乡村振兴方针政策和各地丰富实践，振奋基层干部群众精神。建立乡村振兴专家决策咨询制度，组织智库加强理论研究。促进乡村振兴国际交流合作，讲好乡村振兴中国故事，为世界贡献中国智慧和中国方案。

让我们更加紧密地团结在以习近平同志为核心的党中央周围，高举中国特色社会主义伟大旗帜，以习近平新时代中国特色社会主义思想为指导，迎难而上、埋头苦干、开拓进取，为决胜全面建成小康社会、夺取新时代中国特色社会主义伟大胜利作出新的贡献！

国务院办公厅关于印发基本公共服务领域中央与地方共同财政事权和支出责任划分改革方案的通知

（2018 年 1 月 27 日　国办发〔2018〕6 号）

《基本公共服务领域中央与地方共同财政事权和支出责任划

分改革方案》已经党中央、国务院同意,现印发给你们,请结合实际认真贯彻落实。

基本公共服务领域中央与地方共同财政事权和支出责任划分改革方案

为全面贯彻落实党的十九大精神,进一步提高各级政府提供基本公共服务的能力和水平,按照党中央、国务院关于推进中央与地方财政事权和支出责任划分改革的决策部署,现就基本公共服务领域中央与地方共同财政事权和支出责任划分改革制定如下方案:

一、总体要求

(一)指导思想。

高举中国特色社会主义伟大旗帜,全面贯彻落实党的十九大精神,以习近平新时代中国特色社会主义思想为指导,坚持稳中求进工作总基调,坚持新发展理念,紧扣我国社会主要矛盾变化,按照高质量发展的要求,统筹推进"五位一体"总体布局和协调推进"四个全面"战略布局,充分发挥中央统一领导、地方组织落实的制度优势,按照加快建立现代财政制度,建立权责清晰、财力协调、区域均衡的中央和地方财政关系的要求,遵循相关法律法规规定,科学界定中央与地方权责,确定基本公共服务领域共同财政事权范围,制定基本公共服务保障国家基础标准,规范中央与地方支出责任分担方式,加大基本公共服务投入,加快推进基本公共服务均等化,织密扎牢民生保障网,不断满足人民日益增长的美好生活需要。

(二)基本原则。

——坚持以人民为中心。从解决人民最关心最直接最现实的利益问题入手,首先将教育、医疗卫生、社会保障等领域中与人直接相关的主要基本公共服务事项明确为中央与地方共同财政事权,并合理划分支出责任,同时完善相关转移支付制度,确保更好地为人民群众提供基本公共服务。

——坚持财政事权划分由中央决定。完善中央决策、地方落实的机制。基本公共服务领域共同财政事权范围、支出责任分担方式、国家基础标准由中央确定;明确地方政府职责,充分发挥地方政府区域管理优势和积极性,保障政策落实。

——坚持保障标准合理适度。既要尽力而为,加快推进基本公共服务均等化,适时调整国家基础标准,逐步提高保障水平;又要量力而行,兼顾各级财政承受能力,不超越经济社会发展阶段,兜牢基本民生保障底线。

——坚持差别化分担。充分考虑我国各地经济社会发展不平衡、基本公共服务成本和财力差异较大的国情,中央承担的支出责任要有所区别,体现向困难地区倾斜,并逐步规范、适当简化基本公共服务领域共同财政事权支出责任的分担方式。

——坚持积极稳妥推进。基本公共服务领域中央与地方共同财政事权和支出责任划分是一个动态调整、不断完善的过程,既要加强顶层设计,明确改革路径和方式,又要加强与各领域管理体制改革的衔接,在管理体制和相关政策比较明确、支出责任分担机制相对稳定的民生领域首先实现突破。

(三)主要目标。

通过基本公共服务领域中央与地方共同财政事权和支出责任划分改革,力争到2020年,逐步建立起权责清晰、财力协调、标准合理、保障有力的基本公共服务制度体系和保障机制。

二、主要内容

(一)明确基本公共服务领域中央与地方共同财政事权范围。

根据《国务院关于推进中央与地方财政事权和支出责任划分改革的指导意见》(国发〔2016〕49号),结合《国务院关于印发"十三五"推进基本公共服务均等化规划的通知》(国发〔2017〕9号),

将涉及人民群众基本生活和发展需要、现有管理体制和政策比较清晰、由中央与地方共同承担支出责任、以人员或家庭为补助对象或分配依据、需要优先和重点保障的主要基本公共服务事项，首先纳入中央与地方共同财政事权范围，目前暂定为八大类18项：一是义务教育，包括公用经费保障、免费提供教科书、家庭经济困难学生生活补助、贫困地区学生营养膳食补助4项；二是学生资助，包括中等职业教育国家助学金、中等职业教育免学费补助、普通高中教育国家助学金、普通高中教育免学杂费补助4项；三是基本就业服务，包括基本公共就业服务1项；四是基本养老保险，包括城乡居民基本养老保险补助1项；五是基本医疗保障，包括城乡居民基本医疗保险补助、医疗救助2项；六是基本卫生计生，包括基本公共卫生服务、计划生育扶助保障2项；七是基本生活救助，包括困难群众救助、受灾人员救助、残疾人服务3项；八是基本住房保障，包括城乡保障性安居工程1项。

已在国发〔2016〕49号和国发〔2017〕9号文件中明确但暂未纳入上述范围的基本公共文化服务等事项，在分领域中央与地方财政事权和支出责任划分改革中，根据事权属性分别明确为中央财政事权、地方财政事权或中央与地方共同财政事权。基本公共服务领域共同财政事权范围，随着经济社会发展和相关领域管理体制改革相应进行调整。

（二）制定基本公共服务保障国家基础标准。

国家基础标准由中央制定和调整，要保障人民群众基本生活和发展需要，兼顾财力可能，并根据经济社会发展逐步提高，所需资金按中央确定的支出责任分担方式负担。参照现行财政保障或中央补助标准，制定义务教育公用经费保障、免费提供教科书、家庭经济困难学生生活补助、贫困地区学生营养膳食补助、中等职业教育国家助学金、城乡居民基本养老保险补助、城乡居民基本医疗保险补助、基本公共卫生服务、计划生育扶助保障9项基本公共服务保障的国家基础标准。地方在确保国家基础标准落实到位的前提下，因地制宜制定高于国家基础标准的地区标准，应事先按程序报上级备案后执行，高出部分所需资金自行负担。对困难群众救助等其余9项不易或暂不具备条件制定国家基础标准的事项，地方可结合实际制定地区标准，待具备条件后，由中央制定国家基础标准。法律法规或党中央、国务院另有规定的，从其规定。

（三）规范基本公共服务领域中央与地方共同财政事权的支出责任分担方式。

根据地区经济社会发展总体格局、各项基本公共服务的不同属性以及财力实际状况，基本公共服务领域中央与地方共同财政事权的支出责任主要实行中央与地方按比例分担，并保持基本稳定。具体明确和规范如下：

一是中等职业教育国家助学金、中等职业教育免学费补助、普通高中教育国家助学金、普通高中教育免学杂费补助、城乡居民基本医疗保险补助、基本公共卫生服务、计划生育扶助保障7个事项，实行中央分档分担办法：第一档包括内蒙古、广西、重庆、四川、贵州、云南、西藏、陕西、甘肃、青海、宁夏、新疆12个省（区、市），中央分担80%；第二档包括河北、山西、吉林、黑龙江、安徽、江西、河南、湖北、湖南、海南10个省，中央分担60%；第三档包括辽宁、福建、山东3个省，中央分担50%；第四档包括天津、江苏、浙江、广东4个省（市）和大连、宁波、厦门、青岛、深圳5个计划单列市，中央分担30%；第五档包括北京、上海2个直辖市，中央分担10%。按照保持现有中央与地方财力格局总体稳定的原则，上述分担比例调整涉及的中央与地方支出基数划转，按预算管理有关规定办理。

二是义务教育公用经费保障等6个按比例分担、按项目分担或按标准定额补助的事项，暂按现行政策执行，具体如下：义务教育公用经费保障，中央与地方按比例分担支出责任，第一档为8:2，第二档为6:4，其他为5:5。家庭经济困难学生生活补助，中央与地方按比例分担支出责任，各地区均为5:5，对人口较少民族寄宿生增加安排生活补助所需经费，由中央财政承担。城乡居民基本养老保险补助,中央确定的基础养老金标准部分,中央与地方按比例分担支出责任,中央对第一档和第二档承担全部支出责任,其他为5:5。免费提供教科书,免费提供国家规定课程教科书和免费为小学一年级新生提供正版学生字典所需经费,由中央财政承担;免费提供地方课程教科书所需经费,由地方财政承担。贫困地区学生营养膳食补助,国家试点所需经费,由中央财政承担;地方试点所需经费,由地方财政统筹安排,中央财政给予生均定额奖补。受灾人员救助,对遭受重特大自然灾害的省份,中央财政按规定的补助标准给予适当补助,灾害救助所需其余资金由地方财政承担。

三是基本公共就业服务、医疗救助、困难群众救助、残疾人服务、城乡保障性安居工程5个事项,中央分担比例主要依据地方财力状况、保障对象数量等因素确定。

对上述共同财政事权支出责任地方承担部分,由地方通过自有财力和中央转移支付统筹安排。中央加大均衡性转移支付力度,促进地区间财力均衡。党中央、国务院明确规定比照享受相关区域政策的地区继续按相关规定执行。中央与新疆生产建设兵团财政事权和支出责任划分,参照中央与地方划分原则执行;财政支持政策原则上参照新疆维吾尔自治区执行,并适当考虑兵团的特殊因素。

(四)调整完善转移支付制度。

在一般性转移支付下设立共同财政事权分类分档转移支付,原则上将改革前一般性转移支付和专项转移支付安排的基本公共服务领域共同财政事权事项,统一纳入共同财政事权分类分档转移支付,完整反映和切实履行中央承担的基本公共服务领域共同财政事权的支出责任。

(五)推进省以下支出责任划分改革。

中央财政要加强对省以下共同财政事权和支出责任划分改革的指导。对地方承担的基本公共服务领域共同财政事权的支出责任,省级政府要考虑本地区实际,根据各项基本公共服务事项的重要性、受益范围和均等化程度等因素，结合省以下财政体制，合理划分省以下各级政府的支出责任，加强省级统筹，适当增加和上移省级支出责任。县级政府要将自有财力和上级转移支付优先用于基本公共服务，承担提供基本公共服务的组织落实责任；上级政府要通过调整收入划分、加大转移支付力度，增强县级政府基本公共服务保障能力。

三、配套措施

（一）明确部门管理职责。中央财政在落实中央承担的支出责任、做好资金保障的同时，要切实加强对地方财政履行支出责任的指导和监督。中央有关部门要积极推动相关基本公共服务领域管理体制改革，调整完善制度政策，指导和督促地方落实相关服务标准。地方财政要确保地方承担的支出责任落实到位。地方有关部门要认真执行相关政策，履行好提供基本公共服务的职责。

（二）加强基本公共服务项目预算管理。中央财政要根据国家基础标准、分担比例等因素，优先足额安排并提前下达、及时拨付共同财政事权分类分档转移支付。地方财政要完整、规范、合理编制基本公共服务项目预算，保证资金及时下达和拨付，完善基本公共服务项目预算管理流程，加大预算公开力度。

（三）推进基本公共服务大数据平台建设。财政及相关部门要建立规范的数据采集制度，统一数据标准，加快基本公共服务大数据平台建设，收集汇总各项基本公共服务相关数据，实现信息共享，为测算分配转移支付资金、落实各方责任、实现基本公共服务便利可及提供技术支撑。

（四）强化监督检查和绩效管理。加强对基本公共服务事项基础标准落实、基础数据真实性、资金管理使用规范性、服务便利可及性等方面的监督检查，保证支出责任落实。按照“谁使用、谁负责”的原则，对基本公共服务项目全面实施绩效管理，不断提高资金使用效益和基本公共服务质量。

四、实施时间

本方案自 2019 年 1 月 1 日起实施。

附件:基本公共服务领域中央与地方共同财政事权清单及基础标准、支出责任划分情况表

附件

基本公共服务领域中央与地方共同财政事权清单及基础标准、支出责任划分情况表

共同财政事权事项		基础标准	支出责任及分担方式
义务教育	1. 公用经费保障	中央统一制定基准定额。在此基础上,继续按规定提高寄宿制学校等公用经费水平,并单独核定义务教育阶段特殊教育学校和随班就读残疾学生公用经费等。	中央与地方按比例分担。第一档为 8:2,第二档为 6:4,其他为 5:5。
	2. 免费提供教科书	中央制定免费提供国家规定课程教科书和免费为小学一年级新生提供正版学生字典补助标准,地方制定免费提供地方课程教科书补助标准。	免费提供国家规定课程教科书和免费为小学一年级新生提供正版学生字典所需经费,由中央财政承担;免费提供地方课程教科书所需经费,由地方财政承担。
	3. 家庭经济困难学生生活补助	中央制定家庭经济困难寄宿生和人口较少民族寄宿生生活补助国家基础标准。中央按国家基础标准的一定比例核定家庭经济困难非寄宿生生活补助标准,各地可以结合实际分档确定非寄宿生具体生活补助标准。	中央与地方按比例分担,各地区均为 5:5,对人口较少民族寄宿生增加安排生活补助所需经费,由中央财政承担。
	4. 贫困地区学生营养膳食补助	中央统一制定膳食补助国家基础标准。	国家试点所需经费,由中央财政承担;地方试点所需经费,由地方财政统筹安排,中央财政给予生均定额奖补。

续表

共同财政事权事项		基础标准	支出责任及分担方式
学生资助	5. 中等职业教育国家助学金	中央制定资助标准。	中央与地方分档按比例分担。第一档分担比例统一为8:2;第二档,生源地为第一档地区的,分担比例为8:2,生源地为其他地区的,分担比例为6:4;第三档、第四档、第五档,生源地为第一档地区的,分担比例为8:2,生源地为第二档地区的,分担比例为6:4,生源地为其他地区的,与就读地区分担比例一致,分别为5:5、3:7、1:9。
	6. 中等职业教育免学费补助	中央制定测算补助标准,地方可以结合实际确定具体补助标准。	中央统一实施的免学费补助所需经费,由中央与地方分档按比例分担。第一档分担比例统一为8:2;第二档,生源地为第一档地区的,分担比例为8:2,生源地为其他地区的,分担比例为6:4;第三档、第四档、第五档,生源地为第一档地区的,分担比例为8:2,生源地为第二档地区的,分担比例为6:4,生源地为其他地区的,与就读地区分担比例一致,分别为5:5、3:7、1:9。
	7. 普通高中教育国家助学金	中央制定平均资助标准,地方可以按规定结合实际确定分档资助标准。	所需经费由中央与地方分档按比例分担。第一档为8:2,第二档为6:4,第三档为5:5,第四档为3:7,第五档为1:9。
	8. 普通高中教育免学杂费补助	中央逐省核定补助标准,地方可以结合实际确定具体补助标准。	中央统一实施的免学杂费补助所需经费,由中央与地方分档按比例分担。第一档为8:2,第二档为6:4,第三档为5:5,第四档为3:7,第五档为1:9。

续表

共同财政事权事项		基础标准	支出责任及分担方式
基本就业服务	9.基本公共就业服务	由地方结合实际制定标准。	主要依据地方财力状况、保障对象数量等因素确定。
基本养老保险	10.城乡居民基本养老保险补助	由中央制定基础标准。	中央确定的基础养老金标准部分,中央与地方按比例分担。中央对第一档和第二档承担全部支出责任,其他为5:5。
基本医疗保障	11.城乡居民基本医疗保险补助	由中央制定指导性补助标准,地方结合实际确定具体补助标准。	中央与地方分档按比例分担。第一档为8:2,第二档为6:4,第三档为5:5,第四档为3:7,第五档为1:9。
	12.医疗救助	由地方结合实际制定标准。	主要依据地方财力状况、保障对象数量等因素确定。
基本卫生计生	13.基本公共卫生服务	由中央制定基础标准。	中央与地方分档按比例分担。第一档为8:2,第二档为6:4,第三档为5:5,第四档为3:7,第五档为1:9。
	14.计划生育扶助保障	由中央制定基础标准。	中央与地方分档按比例分担。第一档为8:2,第二档为6:4,第三档为5:5,第四档为3:7,第五档为1:9。
基本生活救助	15.困难群众救助	由地方结合实际制定标准。	主要依据地方财政困难程度、保障对象数量等因素确定。
	16.受灾人员救助	中央制定补助标准,地方可以结合实际确定具体救助标准。	对遭受重特大自然灾害的省份,中央财政按规定的补助标准给予适当补助,灾害救助所需其余资金由地方财政承担。
	17.残疾人服务	由地方结合实际制定标准。	主要依据地方财力状况、保障对象数量等因素确定。

续表

共同财政事权事项		基础标准	支出责任及分担方式
基本住房保障	18. 城乡保障性安居工程(包括城镇保障性安居工程和农村危房改造等)	由地方结合实际制定标准。	主要依据地方财力状况度、年度任务量等因素确定。

国务院办公厅关于加强电梯质量安全工作的意见

(2018 年 2 月 1 日　国办发〔2018〕8 号)

我国是电梯生产和使用大国。电梯质量安全事关人民群众生命财产安全和经济社会发展稳定。近年来,我国电梯万台事故起数和死亡人数持续下降,安全形势稳定向好。但随着电梯保有量持续增长,老旧电梯逐年增多,电梯困人故障和安全事故时有发生,社会影响较大。为进一步加强电梯质量安全工作,保障人民群众乘用安全和出行便利,经国务院同意,现提出以下意见。

一、总体要求

(一)指导思想。

全面贯彻党的十九大精神,以习近平新时代中国特色社会主义思想为指导,坚持以人民为中心的发展思想,牢固树立和贯彻落实新发展理念,按照高质量发展的要求,进一步强化质量安全意识,以改革创新为动力,以落实生产使用单位主体责任为重点,以科学监管为手段,预防和减少事故,降低故障率,不断提升电梯质量安全水平,让人民群众安全乘梯、放心乘梯,满足人民日益增长的美好生活需要。

（二）基本原则。

——坚持为民服务。把保障人民群众乘用安全和出行便利作为工作出发点和根本目标，强化电梯质量安全工作的公益属性，优化服务，保障和改善民生。

——坚持依法监管。健全完善法律法规和标准体系，充分运用法治思维和法治方式开展电梯安全监管工作，坚持权责一致，落实相关方主体责任。

——坚持改革创新。深化“放管服”改革，创新监管模式，充分发挥市场机制作用，强化事中事后监管，推动电梯生产、使用、监管和检验工作科学发展。

——坚持多元共治。发挥电梯质量安全各相关方作用，形成相关方主体责任落实、政府统一领导、监管部门依法履职、检验机构技术支撑、企业诚信自律、社会参与监督的多元共治新格局。

（三）主要目标。

到2020年，努力形成法规标准健全、安全责任明晰、工作措施有效、监管机制完善、社会共同参与的电梯质量安全工作体系，电梯质量安全水平全面提升，安全形势持续稳定向好，电梯万台事故起数和死亡人数等指标接近发达国家水平。

二、重点任务

（四）提升电梯质量安全水平。

开展电梯质量提升行动，加强产品型式试验和一致性核查，强化安装监督检验，提升电梯产业集聚区整体质量发展水平和新装电梯质量安全水平。（质检总局牵头，工业和信息化部等负责）整合优化安全技术规范和国家标准，在借鉴国际先进标准基础上，对电梯本体安全和配置标准提出更高要求，打造适合我国国情的更为严格的标准规范体系，鼓励电梯企业提供高于国家标准的优质产品和服务。加强既有住宅加装电梯相关技术标准制修订，促进既有住宅加装电梯工作。（质检总局牵头，住房城乡建设部等负责）

（五）加强隐患治理与更新改造。

地方各级人民政府要将没有物业管理、维护保养和维修资金的“三无电梯”以及存在重大事故隐患的电梯作为重点挂牌督办，落实整改责任和资金安排，多措并举综合整治，消除事故隐患和风险。要制定老旧住宅电梯更新改造大修有关政策，建立安全评估机制，畅通住房维修资金提取渠道，明确紧急动用维修资金程序和维修资金缺失情况下资金筹措机制，推进老旧住宅电梯更新改造大修工作。（各省级人民政府负责）

（六）改进使用管理与维护保养模式。

推广“全生命周期安全最大化和成本最优化”理念，推行“电梯设备+维保服务”一体化采购模式，探索专业化、规模化的电梯使用管理方式。推动维护保养模式转变，依法推进按需维保，推广“全包维保”、“物联网+维保”等新模式。加强维保质量监督抽查，全面提升维保质量。（质检总局牵头，住房城乡建设部等负责）

（七）科学调整检验、检测方式。

根据风险水平和安全管理状况，优化配置检验、检测资源。科学调整监督检验、定期检验内容和定期检验周期，由特种设备技术检查机构或经核准的其他检验机构在授权范围内开展监督检验和定期检验工作。加强和规范自行检测，允许符合条件的维保单位自行检测，或由使用单位委托经核准的检验检测机构提供检测服务，鼓励符合条件的社会机构开展电梯检测工作。加强对检验、检测工作的监督检查，提升检验、检测质量。（质检总局负责）

（八）建立追溯体系和应急救援平台。

运用大数据、物联网等信息技术，构建电梯安全公共信息服务平台，建立以故障率、使用寿命为主要指标的电梯质量安全评价体系，逐步建立电梯全生命周期质量安全追溯体系，实现问题可查、责任可追，发挥社会监督作用。（质检总局负责）推进电梯轿厢内移动通信信号覆盖，研究推进智能电梯信息安全工作。（工业和信息化部、质检总局按职责分工负责）地方各级人民政府要将电梯应

急救援纳入本地区应急救援体系，建立电梯应急救援公共服务平台，统一协调指挥电梯应急救援工作。（各省级人民政府负责）

（九）完善安全监管工作机制。

进一步完善电梯安全监管工作机制，加强电梯安全监督管理，依法查处违法违规行为。（质检总局负责）按照“管行业必须管安全、管业务必须管安全、管生产经营必须管安全”的要求，认真履行安全管理职责，指导督促有关单位加强电梯安全管理。（教育部、住房城乡建设部、交通运输部、商务部、国家卫生计生委、国家旅游局按职责分工负责）发挥国务院安全生产委员会办公室作用，指导协调行业主管部门做好电梯安全行业管理工作。（安全监管总局负责）

（十）落实质量安全主体责任。

落实电梯生产企业责任，督促其对电梯制造、安装质量负责，做好在用电梯跟踪监测和技术服务。（质检总局负责）落实房屋建设有关单位责任，督促其对电梯依附设施的设置和土建质量负责，保证电梯选型和配置符合相关标准规范要求。（住房城乡建设部牵头，质检总局等负责）落实电梯所有权人或其委托管理人责任，督促其对电梯使用与管理负责，加强电梯安全管理，做好日常检查、维保监督、应急处置，保障电梯使用安全。（质检总局牵头，住房城乡建设部等负责）落实电梯维保单位责任，督促其对电梯的安全性能负责，做好日常维护保养、应急救援。（质检总局负责）

（十一）加强企业自律与诚信建设。

加强企业诚信自律机制建设，推行“自我声明＋信用管理”模式，推动电梯企业开展标准自我声明和服务质量公开承诺，鼓励开展以团体标准为基础的自愿性符合性评价。建立电梯制造安装、使用管理、维修保养等相关信息公示制度。营造诚信、公正、公平、透明的市场环境，对严重违法失信企业依法予以联合惩戒。（质检总局牵头，工商总局等负责）

（十二）积极发展电梯责任保险。

推动发展电梯责任保险，探索有效保障模式，及时做好理赔服务，化解矛盾纠纷。创新保险机制，优化发展“保险 + 服务”新模式，发挥保险的事故赔偿和风险预防作用，促进电梯使用管理和维保水平提升。（保监会、质检总局等负责）

（十三）促进产业创新发展。

支持鼓励电梯生产企业自主创新和科技进步，促进企业科技研发和维保服务能力提升，推动电梯生产企业由制造型企业向创新型、服务型企业转型，引导电梯维保企业连锁化、规模化发展。开展电梯品牌创建活动，支持电梯产品出口，鼓励电梯企业“走出去”，全面提高中国电梯品牌知名度和竞争力。（质检总局牵头，工业和信息化部、商务部按职责分工负责）

三、保障措施

（十四）加强组织领导。

地方各级人民政府要加强本地区电梯安全监督管理，建立电梯质量安全工作协调机制，将电梯质量安全工作情况纳入政府质量和安全责任考核体系，监督指导所属部门及派出机构依法履行监管职责，及时协调解决电梯质量安全工作中的重大问题。（各省级人民政府负责）

（十五）完善政策保障。

推动制定电梯相关法规，制定电梯安全监管能力建设规划，明确监管人员和车辆等装备配备标准。（质检总局负责）制定安全监管权责清单，明确工作职责，实现依照清单尽职免责、失职追责。（质检总局牵头，安全监管总局等负责）地方各级人民政府要加强电梯安全监察、技术检查和行政执法队伍建设，加强人员、装备和经费保障，确保安全监管岗位工作人员忠于职守、履职尽责。（各省级人民政府负责）

（十六）加强宣传教育。

加强中小学电梯安全教育，普及电梯安全知识。发挥新闻媒体宣传引导和舆论监督作用，加大电梯安全知识宣传力度，倡导安全文明乘梯，提升全民安全意识。（教育部、新闻出版广电总局、质检总局按职责分工负责）强化维保人员职业教育，推进电梯企业开展维保人员培训考核，提高维保人员专业素质和技术能力。（质检总局牵头，人力资源社会保障部等负责）

国务院办公厅关于公布辽宁五花顶等6处新建国家级自然保护区名单的通知

（2018年2月8日　国办发〔2018〕9号）

辽宁五花顶、吉林园池湿地、黑龙江仙洞山梅花鹿、黑龙江朗乡、四川南莫且湿地和陕西红碱淖等6处新建国家级自然保护区已经国务院审定，现将名单予以公布。新建国家级自然保护区的面积、范围和功能分区等由环境保护部另行公布。有关地区要按照批准的面积和范围组织勘界，落实自然保护区土地权属，并在规定的时限内标明区界，予以公告。

自然保护区是推进生态文明、建设美丽中国的重要载体。强化自然保护区建设和管理，是贯彻落实新发展理念的具体行动，是落实生态保护红线、维护国家生态安全的重要保障，是保护生物多样性、确保各类自然生态系统安全稳定、改善生态环境质量的有效举措。有关地区和部门要严格执行自然保护区条例等有关规定，认真贯彻《国务院办公厅关于做好自然保护区管理有关工作的通知》（国办发〔2010〕63号）要求，严格落实生态环境保护责任，加强组织领导和协调配合，健全管理机构，加大资金投入，强化对涉及自然保护区各类环境违法违规行为的监管执法力度，妥善处理好自然保护区管理与当地经济社会发展及居民生产生活的关系，确保各项管理措施得到落实，不断提高国家级自然保护区建设和管理水平。

新建国家级自然保护区名单

（共计6处）

辽宁省

五花顶国家级自然保护区

吉林省

园池湿地国家级自然保护区

黑龙江省

仙洞山梅花鹿国家级自然保护区

朗乡国家级自然保护区

四川省

南莫且湿地国家级自然保护区

陕西省

红碱淖国家级自然保护区

国务院办公厅关于推进社会公益事业建设领域政府信息公开的意见

（2018年2月9日　国办发〔2018〕10号）

社会公益事业是增进民生福祉、惠及社会大众的事业，关系经济社会协调发展，对于保障和改善民生、促进社会和谐稳定、传承民族精神、引领社会风尚具有重要意义。近年来，我国社会公益事业建设取得显著成就，社会各界参与热情和关注度越来越高，但相关信息公开工作还存在不主动、不及时、不全面，面对公众关切解读引导不够等问题，一定程度上损害了社会公益事业的公信力和公平性。为进一步推动社会公益事业建设领域政府信息公开工作，推进国家治理体系和治理能力现代化，经国务院同意，现提出以下意见。

一、总体要求

（一）指导思想。全面贯彻党的十九大精神，坚持以习近平新时代中国特色社会主义思想为指导，按照党中央、国务院关于全面推进政务公开工作的部署和要求，准确把握社会公益事业建设规律和特点，进一步加大信息公开力度，明确公开重点，细化公开内容，增强公开实效，不断提升社会公益事业的透明度，让人民群众享有更多的获得感、幸福感、安全感，增强对党和政府的信任。

（二）基本原则。坚持依法依规，除法律法规有禁止性规定的外，社会公益事业建设领域政府信息都应当主动全面予以公开。坚持突出重点，围绕人民群众最关心最直接最现实的利益问题，明确相关信息公开的主体、内容、标准、方式、程序。坚持高效便民，面向基层，贴近群众，运用多种方式发布信息、解读政策、加强引导，便于群众知晓、理解和监督。坚持问题导向，以公开促规范、促服务、促治理，推动共建共治共享，促进社会公益事业健康有序发展。

（三）工作目标。经过 3 年左右的努力，公开内容覆盖社会公益事业建设各领域、各环节，公开工作制度化、规范化、标准化水平显著提高，社会公益事业透明度明显提升，社会公益资源配置更加公平公正，社会公益事业公益属性得到更好体现，全社会关心公益、支持公益、参与公益的氛围更加浓厚。

二、明确公开内容

（一）公开决策信息。加大社会公益事业建设领域重大决策公开力度，对群众利益影响直接、社会关注度高的重要改革方案、重大政策措施、重点建设项目等，要广泛征求意见并将各方面合理意见体现到决策中，结合实际尽可能把意见采纳情况予以公开。提升社会公益事业建设领域重大决策公开实效，公开前要认真评估公开的效果，避免引发不必要的攀比、炒作，公开后要认真对待并依法处理公众提出的相关意见。

（二）公开管理和服务信息。重点公开从事社会公益事业的公共企事业单位、社会组织名录，设立、变更、注销登记等审批信息，年检年报、评估检查、奖励处罚等管理信息。全面公开基本公共服务的项目清单、服务指南、服务标准、保障措施，及时准确公开政府购买公共服务、政府和社会资本合作提供公共服务等信息。推动公开城乡社区公共服务设施建设，财政资金直接投入和购买社区公共服务，社区公共服务项目、对象、办理流程、责任部门、供给状况和绩效评估等信息。

（三）公开执行和结果信息。加大党中央、国务院有关决策部署贯彻落实情况的公开力度，主动公开社会公益事业建设领域重要政策落实情况，尤其是国家面向困难群众的扶持、救助等政策落实情况和主要成效。深化社会公益事业建设资金分配和使用情况公开，准确记录资金的具体流向并向社会公开。加大彩票公益金使用规模、资助项目、执行情况和实际效果等信息的公开力度。鼓励开展社会公益事业建设评估，科学评价政策落实效果，及时公开评估结果。

三、突出公开重点

地方各级政府和国务院有关部门要以社会高度关注、公益色彩浓厚的社会公益事业为重点，着力推进脱贫攻坚、社会救助和社会福利、教育、基本医疗卫生、环境保护、灾害事故救援、公共文化体育等领域政府信息公开。同时要根据区域、行业特点，进一步明确本地区、本行业应重点公开的其他社会公益事业建设领域政府信息，不断扩大信息公开范围。

（一）脱贫攻坚领域。围绕“扶持谁、谁来扶、怎么扶、如何退”，进一步做好精准扶贫、精准脱贫信息公开工作。及时向社会公开扶贫政策，扶贫规划，扶贫项目名称、资金来源、实施期限、预期目标、实施结果、实施单位及责任人、举报电话、检查验收结果等信息，向特定区域特定群体公开贫困识别、贫困退出、扶贫资金分配和使用情况、帮扶责任人、扶贫成效等信息。注重运用技术手段实现公开的信息可检索、可核查、可利用，为社会各界参与脱贫攻坚事业提供服务，方便人民群众监督。

（二）社会救助和社会福利领域。重点围绕城乡低保、特困人员救助供养、受灾人员救助、医疗救助、教育救助、住房救助、就业救助、临时救助、老年人福利、残疾人福利、儿童福利、孤儿基本生活保障、计划生育特殊困难家庭扶助等事项，全面公开救助对象认定、救助标准，福利补贴申领及申请审批程序等相关政策，有针对性地公开救助款物的管理使用、福利补贴发放等情况。公开方式方法要因地制宜、因事制宜，既确保公开实效、维护底线公平，又保护好相关人员个人隐私。

（三）教育领域。立足办好人民满意的教育，进一步加大教育信息公开力度，重点做好义务教育、学前教育、特殊教育、职业教育、高等教育等方面的信息公开。紧扣利益关系直接、现实矛盾突出的事项，重点公开相关政策、发展规划、经费投入和使用、困难学生资助实施情况等信息。做好义务教育控辍保学、县域义务教育均衡发展等工作进展情况的公开。推动民办学校办学资质、办学质量、招生范围和收费等信息公开。

（四）基本医疗卫生领域。保障好人民群众对公共医疗卫生的知情权，重点公开重大疾病预防控制、国家免疫规划、突发公共卫生事件、传染病疫情及防控等信息。大力开展健康科普，针对妇女、未成年人、老年人等重点人群和农村、工矿企业等重点区域，开展专项健康科普，用现代医学知识为人民群众提供健康服务。进一步做好疾病应急救助、健康扶贫政策落实情况公开工作。探索利用信息公开手段加强卫生监督。深化食品安全信息公开，完善推广企业“黑名单”制度，让违法者寸步难行，让人民吃得放心。

（五）环境保护领域。进一步做好社会广泛关注的大气污染防治、水污染防治、土壤污染管控和修复等信息的公开工作。重点公开环境污染防治和生态保护政策措施、实施效果，污染源监测及减排，建设项目环境影响评价审批，重大环境污染和生态破坏事件调查处理，环境保护执法监管、投诉处理等信息。及时发布大范围重污染天气预警提示信息，统筹做好重污染天气期间信息发布、舆情引导等工作。健全环保信息强制性披露制度。

（六）灾害事故救援领域。准确及时发布自然灾害、重大事故灾难、公共卫生事件等突发事件的应急处置与救援、医疗救护与卫生防疫、次生灾害预警防范等工作情况及动态信息。及时发布灾害救助需求信息，推动做好救助款物和捐赠款物的数量、使用情况，救助对象及其接受救助款物数额，灾后恢复重建工作进展等信息的公开工作。

（七）公共文化体育领域。立足公共文化体育服务的公益性均等性便利性，大力推进公共文化体育的服务保障政策、服务体系建设、财政资金投入和使用、设施建设和使用，政府购买公共文化体育服务的目录、绩效评价结果等信息公开。公开文化遗产保护、公共文化体育设施名录、公益性文化服务活动、公益性体育赛事和活动、受捐款物管理使用等情况。

地方各级政府和国务院有关部门要按照各自职责权限，加强分类指导，建立健全长效机制，推动有关公共企事业单位、慈善组织如实公开社会公益事业信息。国务院教育、环境保护、文化、卫生计生等主管部门和其他有关部门要在2018年底前建立完善本部门监管的公共企事业单位信息公开制度，国务院民政部门要尽快制定出台慈善组织信息公开办法，不断提升社会公益事业建设领域政府信息公开的制度化规范化水平。

四、增强公开实效

（一）扩大公开范围。地方各级政府和国务院有关部门要梳理细化本地区、本部门社会公益事业建设领域应当公开的事项，主动、全面、及时公开相关政府信息。加强基层政务公开标准化规范化建设，探索形成符合基层实际的社会公益事业建设领域政府信息公开标准和规范。对公民、法人或者其他组织提出的社会公益事业建设领域政府信息公开申请,行政机关要按照《中华人民共和国政府信息公开条例》的规定认真办理,最大限度满足公众的信息需求。

(二)完善公开方式。要充分发挥政府网站、政务服务平台的优势,按照内容权威、格式规范、体例统一的要求,集中发布相关政府信息,归集展示公共企事业单位、社会组织发布的相关信息,便于公众查询利用。稳妥推进社会公益事业建设领域信息共享和数据开放,为部门间核对和社会开发利用提供条件。针对社会公益事业主要服务基层和特定群体的特点,灵活运用政务新媒体、新闻媒体、手机短信、公告栏、宣传手册、政务服务平台等多种载体和方式,定向发布,精准推送,提升信息覆盖面、到达率,确保人民群众看得到、看得懂。

(三)加强解读引导。要高度重视社会公益事业建设领域政策的解读和引导工作。对于出台的相关政策措施,注重更多运用客观事实进行解读,及时准确传递政策意图,赢得人民群众的理解和信任。对于敏感事项和存在地区、领域差异的相关政策,公开时要及时把政策解释清楚,避免误解误读。加强对社会公益事业建设领域热点舆情的预判、跟踪和处置,进一步提高对社会关切事项引导的针对性和时效性。要指导和监督从事社会公益事业的公共企事业单位、社会组织做好相关舆情处置工作,确保不失声、不缺位。

五、强化保障措施

(一)抓好组织实施。各地区各部门要充分认识推进社会公益事业建设领域政府信息公开的重要性,切实增强公开意识和服务意识,结合全面推进政务公开做好统筹谋划,形成常态化机制,务求取得实效。地方各级政府办公厅(室)要加强组织协调,会同本级政府有关部门提出具体措施,明确分工,压实责任,确保各项任务落到实处。

(二)开展考核评估。地方各级政府要把社会公益事业建设领域政府信息公开情况纳入政务公开工作绩效考核范围，加大督促落实力度。各有关部门可以根据工作需要，对所监管的公共企事业单位、慈善组织信息公开工作情况组织开展评估，公开评估结果。畅通群众投诉举报渠道，探索建立政府信息公开社会监督员制度，强化对社会公益事业建设领域政府信息公开工作的社会监督。

（三）强化监督问责。地方各级政府和国务院有关部门要加强对本地区本行业社会公益事业建设领域政府信息公开情况的监督检查。完善工作措施，强化激励约束，建立监督检查情况定期通报制度，对信息公开工作落实好的，予以通报表扬；对落实不到位的，予以通报批评；对违反有关规定、不履行公开义务并造成严重影响的，依法依规追究相关单位和人员的责任。

国务院部门规章

建设项目职业病防护设施“三同时”监督管理办法

（2017年3月9日国家安全生产监督管理总局令第90号公布　自2017年5月1日起施行　国法备字［2018000403］）

第一章　总　　则

第一条　为了预防、控制和消除建设项目可能产生的职业病危害，加强和规范建设项目职业病防护设施建设的监督管理，根据《中华人民共和国职业病防治法》，制定本办法。

第二条　安全生产监督管理部门职责范围内、可能产生职业病危害的新建、改建、扩建和技术改造、技术引进建设项目（以下统称建设项目）职业病防护设施建设及其监督管理，适用本办法。

本办法所称的可能产生职业病危害的建设项目，是指存在或者产生职业病危害因素分类目录所列职业病危害因素的建设项目。

本办法所称的职业病防护设施，是指消除或者降低工作场所的职业病危害因素的浓度或者强度，预防和减少职业病危害因素对劳动者健康的损害或者影响，保护劳动者健康的设备、设施、装置、构（建）筑物等的总称。

第三条　负责本办法第二条规定建设项目投资、管理的单位（以下简称建设单位）是建设项目职业病防护设施建设的责任主体。

建设项目职业病防护设施必须与主体工程同时设计、同时施工、同时投入生产和使用（以下统称建设项目职业病防护设施“三同时”）。建设单位应当优先采用有利于保护劳动者健康的新技术、新工艺、新设备和新材料，职业病防护设施所需费用应当纳入建设项目工程预算。

第四条 建设单位对可能产生职业病危害的建设项目，应当依照本办法进行职业病危害预评价、职业病防护设施设计、职业病危害控制效果评价及相应的评审，组织职业病防护设施验收，建立健全建设项目职业卫生管理制度与档案。

建设项目职业病防护设施“三同时”工作可以与安全设施“三同时”工作一并进行。建设单位可以将建设项目职业病危害预评价和安全预评价、职业病防护设施设计和安全设施设计、职业病危害控制效果评价和安全验收评价合并出具报告或者设计，并对职业病防护设施与安全设施一并组织验收。

第五条 国家安全生产监督管理总局在国务院规定的职责范围内对全国建设项目职业病防护设施“三同时”实施监督管理。

县级以上地方各级人民政府安全生产监督管理部门依法在本级人民政府规定的职责范围内对本行政区域内的建设项目职业病防护设施“三同时”实施分类分级监督管理，具体办法由省级安全生产监督管理部门制定，并报国家安全生产监督管理总局备案。

跨两个及两个以上行政区域的建设项目职业病防护设施“三同时”由其共同的上一级人民政府安全生产监督管理部门实施监督管理。

上一级人民政府安全生产监督管理部门根据工作需要，可以将其负责的建设项目职业病防护设施“三同时”监督管理工作委托下一级人民政府安全生产监督管理部门实施；接受委托的安全生产监督管理部门不得再委托。

第六条 国家根据建设项目可能产生职业病危害的风险程度，将建设项目分为职业病危害一般、较重和严重 3 个类别，并对职业病危害严重建设项目实施重点监督检查。

建设项目职业病危害分类管理目录由国家安全生产监督管理总局制定并公布。省级安全生产监督管理部门可以根据本地区实际情况,对建设项目职业病危害分类管理目录作出补充规定,但不得低于国家安全生产监督管理总局规定的管理层级。

第七条 安全生产监督管理部门应当建立职业卫生专家库(以下简称专家库),并根据需要聘请专家库专家参与建设项目职业病防护设施“三同时”的监督检查工作。

专家库专家应当熟悉职业病危害防治有关法律、法规、规章、标准,具有较高的专业技术水平、实践经验和有关业务背景及良好的职业道德,按照客观、公正的原则,对所参与的工作提出技术意见,并对该意见负责。

专家库专家实行回避制度,参加监督检查的专家库专家不得参与该建设项目职业病防护设施“三同时”的评审及验收等相应工作,不得与该建设项目建设单位、评价单位、设计单位、施工单位或者监理单位等相关单位存在直接利害关系。

第八条 除国家保密的建设项目外,产生职业病危害的建设单位应当通过公告栏、网站等方式及时公布建设项目职业病危害预评价、职业病防护设施设计、职业病危害控制效果评价的承担单位、评价结论、评审时间及评审意见,以及职业病防护设施验收时间、验收方案和验收意见等信息,供本单位劳动者和安全生产监督管理部门查询。

第二章 职业病危害预评价

第九条 对可能产生职业病危害的建设项目,建设单位应当在建设项目可行性论证阶段进行职业病危害预评价,编制预评价报告。

第十条 建设项目职业病危害预评价报告应当符合职业病防

治有关法律、法规、规章和标准的要求，并包括下列主要内容：

（一）建设项目概况，主要包括项目名称、建设地点、建设内容、工作制度、岗位设置及人员数量等；

（二）建设项目可能产生的职业病危害因素及其对工作场所、劳动者健康影响与危害程度的分析与评价；

（三）对建设项目拟采取的职业病防护设施和防护措施进行分析、评价，并提出对策与建议；

（四）评价结论，明确建设项目的职业病危害风险类别及拟采取的职业病防护设施和防护措施是否符合职业病防治有关法律、法规、规章和标准的要求。

第十一条 建设单位进行职业病危害预评价时，对建设项目可能产生的职业病危害因素及其对工作场所、劳动者健康影响与危害程度的分析与评价，可以运用工程分析、类比调查等方法。其中，类比调查数据应当采用获得资质认可的职业卫生技术服务机构出具的、与建设项目规模和工艺类似的用人单位职业病危害因素检测结果。

第十二条 职业病危害预评价报告编制完成后，属于职业病危害一般或者较重的建设项目，其建设单位主要负责人或其指定的负责人应当组织具有职业卫生相关专业背景的中级及中级以上专业技术职称人员或者具有职业卫生相关专业背景的注册安全工程师（以下统称职业卫生专业技术人员）对职业病危害预评价报告进行评审，并形成是否符合职业病防治有关法律、法规、规章和标准要求的评审意见；属于职业病危害严重的建设项目，其建设单位主要负责人或其指定的负责人应当组织外单位职业卫生专业技术人员参加评审工作，并形成评审意见。

建设单位应当按照评审意见对职业病危害预评价报告进行修改完善，并对最终的职业病危害预评价报告的真实性、客观性和合规性负责。职业病危害预评价工作过程应当形成书面报告备查。书面报告的具体格式由国家安全生产监督管理总局另行制定。

第十三条 建设项目职业病危害预评价报告有下列情形之一的，建设单位不得通过评审：

（一）对建设项目可能产生的职业病危害因素识别不全，未对工作场所职业病危害对劳动者健康影响与危害程度进行分析与评价的，或者评价不符合要求的；

（二）未对建设项目拟采取的职业病防护设施和防护措施进行分析、评价，对存在的问题未提出对策措施的；

（三）建设项目职业病危害风险分析与评价不正确的；

（四）评价结论和对策措施不正确的；

（五）不符合职业病防治有关法律、法规、规章和标准规定的其他情形的。

第十四条 建设项目职业病危害预评价报告通过评审后，建设项目的生产规模、工艺等发生变更导致职业病危害风险发生重大变化的，建设单位应当对变更内容重新进行职业病危害预评价和评审。

第三章 职业病防护设施设计

第十五条 存在职业病危害的建设项目，建设单位应当在施工前按照职业病防治有关法律、法规、规章和标准的要求，进行职业病防护设施设计。

第十六条 建设项目职业病防护设施设计应当包括下列内容：

（一）设计依据；

（二）建设项目概况及工程分析；

（三）职业病危害因素分析及危害程度预测；

（四）拟采取的职业病防护设施和应急救援设施的名称、规格、型号、数量、分布，并对防控性能进行分析；

（五）辅助用室及卫生设施的设置情况；

（六）对预评价报告中拟采取的职业病防护设施、防护措施及对策措施采纳情况的说明；

（七）职业病防护设施和应急救援设施投资预算明细表；

（八）职业病防护设施和应急救援设施可以达到的预期效果及评价。

第十七条 职业病防护设施设计完成后，属于职业病危害一般或者较重的建设项目，其建设单位主要负责人或其指定的负责人应当组织职业卫生专业技术人员对职业病防护设施设计进行评审，并形成是否符合职业病防治有关法律、法规、规章和标准要求的评审意见；属于职业病危害严重的建设项目，其建设单位主要负责人或其指定的负责人应当组织外单位职业卫生专业技术人员参加评审工作，并形成评审意见。

建设单位应当按照评审意见对职业病防护设施设计进行修改完善，并对最终的职业病防护设施设计的真实性、客观性和合规性负责。职业病防护设施设计工作过程应当形成书面报告备查。书面报告的具体格式由国家安全生产监督管理总局另行制定。

第十八条 建设项目职业病防护设施设计有下列情形之一的，建设单位不得通过评审和开工建设：

（一）未对建设项目主要职业病危害进行防护设施设计或者设计内容不全的；

（二）职业病防护设施设计未按照评审意见进行修改完善的；

（三）未采纳职业病危害预评价报告中的对策措施，且未作充分论证说明的；

（四）未对职业病防护设施和应急救援设施的预期效果进行评价的；

（五）不符合职业病防治有关法律、法规、规章和标准规定的其他情形的。

第十九条 建设单位应当按照评审通过的设计和有关规定组织职业病防护设施的采购和施工。

第二十条 建设项目职业病防护设施设计在完成评审后，建设项目的生产规模、工艺等发生变更导致职业病危害风险发生重大变化的，建设单位应当对变更的内容重新进行职业病防护设施设计和评审。

第四章 职业病危害控制效果评价与防护设施验收

第二十一条 建设项目职业病防护设施建设期间，建设单位应当对其进行经常性的检查，对发现的问题及时进行整改。

第二十二条 建设项目投入生产或者使用前，建设单位应当依照职业病防治有关法律、法规、规章和标准要求，采取下列职业病危害防治管理措施：

（一）设置或者指定职业卫生管理机构，配备专职或者兼职的职业卫生管理人员；

（二）制定职业病防治计划和实施方案；

（三）建立、健全职业卫生管理制度和操作规程；

（四）建立、健全职业卫生档案和劳动者健康监护档案；

（五）实施由专人负责的职业病危害因素日常监测，并确保监测系统处于正常运行状态；

（六）对工作场所进行职业病危害因素检测、评价；

（七）建设单位的主要负责人和职业卫生管理人员应当接受职业卫生培训，并组织劳动者进行上岗前的职业卫生培训；

（八）按照规定组织从事接触职业病危害作业的劳动者进行上岗前职业健康检查，并将检查结果书面告知劳动者；

（九）在醒目位置设置公告栏，公布有关职业病危害防治的规章制度、操作规程、职业病危害事故应急救援措施和工作场所职业病危害因素检测结果。对产生严重职业病危害的作业岗位，应当在其醒目位置，设置警示标识和中文警示说明；

（十）为劳动者个人提供符合要求的职业病防护用品；

（十一）建立、健全职业病危害事故应急救援预案；

（十二）职业病防治有关法律、法规、规章和标准要求的其他管理措施。

第二十三条 建设项目完工后，需要进行试运行的，其配套建设的职业病防护设施必须与主体工程同时投入试运行。

试运行时间应当不少于30日，最长不得超过180日，国家有关部门另有规定或者特殊要求的行业除外。

第二十四条 建设项目在竣工验收前或者试运行期间，建设单位应当进行职业病危害控制效果评价，编制评价报告。建设项目职业病危害控制效果评价报告应当符合职业病防治有关法律、法规、规章和标准的要求，包括下列主要内容：

（一）建设项目概况；

（二）职业病防护设施设计执行情况分析、评价；

（三）职业病防护设施检测和运行情况分析、评价；

（四）工作场所职业病危害因素检测分析、评价；

（五）工作场所职业病危害因素日常监测情况分析、评价；

（六）职业病危害因素对劳动者健康危害程度分析、评价；

（七）职业病危害防治管理措施分析、评价；

（八）职业健康监护状况分析、评价；

（九）职业病危害事故应急救援和控制措施分析、评价；

（十）正常生产后建设项目职业病防治效果预期分析、评价；

（十一）职业病危害防护补充措施及建议；

（十二）评价结论，明确建设项目的职业病危害风险类别，以及采取控制效果评价报告所提对策建议后，职业病防护设施和防护措施是否符合职业病防治有关法律、法规、规章和标准的要求。

第二十五条 建设单位在职业病防护设施验收前，应当编制验收方案。验收方案应当包括下列内容：

（一）建设项目概况和风险类别，以及职业病危害预评价、职业病防护设施设计执行情况；

（二）参与验收的人员及其工作内容、责任；

（三）验收工作时间安排、程序等。

建设单位应当在职业病防护设施验收前20日将验收方案向管辖该建设项目的安全生产监督管理部门进行书面报告。

第二十六条 属于职业病危害一般或者较重的建设项目，其建设单位主要负责人或其指定的负责人应当组织职业卫生专业技术人员对职业病危害控制效果评价报告进行评审以及对职业病防护设施进行验收，并形成是否符合职业病防治有关法律、法规、规章和标准要求的评审意见和验收意见。属于职业病危害严重的建设项目，其建设单位主要负责人或其指定的负责人应当组织外单位职业卫生专业技术人员参加评审和验收工作，并形成评审和验收意见。

建设单位应当按照评审与验收意见对职业病危害控制效果评价报告和职业病防护设施进行整改完善，并对最终的职业病危害控制效果评价报告和职业病防护设施验收结果的真实性、合规性和有效性负责。

建设单位应当将职业病危害控制效果评价和职业病防护设施验收工作过程形成书面报告备查，其中职业病危害严重的建设项目应当在验收完成之日起20日内向管辖该建设项目的安全生产监督管理部门提交书面报告。书面报告的具体格式由国家安全生产监督管理总局另行制定。

第二十七条 有下列情形之一的，建设项目职业病危害控制效果评价报告不得通过评审、职业病防护设施不得通过验收：

（一）评价报告内容不符合本办法第二十四条要求的；

（二）评价报告未按照评审意见整改的；

（三）未按照建设项目职业病防护设施设计组织施工，且未充分论证说明的；

（四）职业病危害防治管理措施不符合本办法第二十二条要求的；

（五）职业病防护设施未按照验收意见整改的；

（六）不符合职业病防治有关法律、法规、规章和标准规定的其他情形的。

第二十八条 分期建设、分期投入生产或者使用的建设项目，其配套的职业病防护设施应当分期与建设项目同步进行验收。

第二十九条 建设项目职业病防护设施未按照规定验收合格的，不得投入生产或者使用。

第五章 监督检查

第三十条 安全生产监督管理部门应当在职责范围内按照分类分级监管的原则，将建设单位开展建设项目职业病防护设施“三同时”情况的监督检查纳入安全生产年度监督检查计划，并按照监督检查计划与安全设施“三同时”实施一体化监督检查，对发现的违法行为应当依法予以处理；对违法行为情节严重的，应当按照规定纳入安全生产不良记录“黑名单”管理。

第三十一条 安全生产监督管理部门应当依法对建设单位开展建设项目职业病危害预评价情况进行监督检查，重点监督检查下列事项：

（一）是否进行建设项目职业病危害预评价；

（二）是否对建设项目可能产生的职业病危害因素及其对工作场所、劳动者健康影响与危害程度进行分析、评价；

（三）是否对建设项目拟采取的职业病防护设施和防护措施进行评价，是否提出对策与建议；

（四）是否明确建设项目职业病危害风险类别；

（五）主要负责人或其指定的负责人是否组织职业卫生专业技术人员对职业病危害预评价报告进行评审，职业病危害预评价报告是否按照评审意见进行修改完善；

（六）职业病危害预评价工作过程是否形成书面报告备查；

（七）是否按照本办法规定公布建设项目职业病危害预评价情况；

（八）依法应当监督检查的其他事项。

第三十二条 安全生产监督管理部门应当依法对建设单位开展建设项目职业病防护设施设计情况进行监督检查，重点监督检查下列事项：

（一）是否进行职业病防护设施设计；

（二）是否采纳职业病危害预评价报告中的对策与建议，如未采纳是否进行充分论证说明；

（三）是否明确职业病防护设施和应急救援设施的名称、规格、型号、数量、分布，并对防控性能进行分析；

（四）是否明确辅助用室及卫生设施的设置情况；

（五）是否明确职业病防护设施和应急救援设施投资预算；

（六）主要负责人或其指定的负责人是否组织职业卫生专业技术人员对职业病防护设施设计进行评审，职业病防护设施设计是否按照评审意见进行修改完善；

（七）职业病防护设施设计工作过程是否形成书面报告备查；

（八）是否按照本办法规定公布建设项目职业病防护设施设计情况；

（九）依法应当监督检查的其他事项。

第三十三条 安全生产监督管理部门应当依法对建设单位开展建设项目职业病危害控制效果评价及职业病防护设施验收情况进行监督检查，重点监督检查下列事项：

（一）是否进行职业病危害控制效果评价及职业病防护设施验收；

（二）职业病危害防治管理措施是否齐全；

（三）主要负责人或其指定的负责人是否组织职业卫生专业技术人员对建设项目职业病危害控制效果评价报告进行评审和对职业病防护设施进行验收，是否按照评审意见和验收意见对职业病危害控制效果评价报告和职业病防护设施进行整改完善；

（四）建设项目职业病危害控制效果评价及职业病防护设施验收工作过程是否形成书面报告备查；

（五）建设项目职业病防护设施验收方案、职业病危害严重建设项目职业病危害控制效果评价与职业病防护设施验收工作报告是否按照规定向安全生产监督管理部门进行报告；

（六）是否按照本办法规定公布建设项目职业病危害控制效果评价和职业病防护设施验收情况；

（七）依法应当监督检查的其他事项。

第三十四条 安全生产监督管理部门应当按照下列规定对建设单位组织的验收活动和验收结果进行监督核查，并纳入安全生产年度监督检查计划：

（一）对职业病危害严重建设项目的职业病防护设施的验收方案和验收工作报告，全部进行监督核查；

（二）对职业病危害较重和一般的建设项目职业病防护设施的验收方案和验收工作报告，按照国家安全生产监督管理总局规定的"双随机"方式实施抽查。

第三十五条 安全生产监督管理部门应当加强监督检查人员建设项目职业病防护设施"三同时"知识的培训，提高业务素质。

第三十六条 安全生产监督管理部门及其工作人员不得有下列行为：

（一）强制要求建设单位接受指定的机构、职业卫生专业技术人员开展建设项目职业病防护设施"三同时"有关工作；

（二）以任何理由或者方式向建设单位和有关机构收取或者变相收取费用；

（三）向建设单位摊派财物、推销产品；

（四）在建设单位和有关机构报销任何费用。

第三十七条 任何单位或者个人发现建设单位、安全生产监督管理部门及其工作人员、有关机构和人员违反职业病防治有关法律、法规、标准和本办法规定的行为,均有权向安全生产监督管理部门或者有关部门举报。

受理举报的安全生产监督管理部门应当为举报人保密,并依法对举报内容进行核查和处理。

第三十八条 上级安全生产监督管理部门应当加强对下级安全生产监督管理部门建设项目职业病防护设施"三同时"监督执法工作的检查、指导。

地方各级安全生产监督管理部门应当定期汇总分析有关监督执法情况,并按照要求逐级上报。

第六章 法律责任

第三十九条 建设单位有下列行为之一的,由安全生产监督管理部门给予警告,责令限期改正;逾期不改正的,处 10 万元以上 50 万元以下的罚款;情节严重的,责令停止产生职业病危害的作业,或者提请有关人民政府按照国务院规定的权限责令停建、关闭:

(一)未按照本办法规定进行职业病危害预评价的;

(二)建设项目的职业病防护设施未按照规定与主体工程同时设计、同时施工、同时投入生产和使用的;

(三)建设项目的职业病防护设施设计不符合国家职业卫生标准和卫生要求的;

(四)未按照本办法规定对职业病防护设施进行职业病危害控制效果评价的;

(五)建设项目竣工投入生产和使用前,职业病防护设施未按照本办法规定验收合格的。

第四十条 建设单位有下列行为之一的,由安全生产监督管理部门给予警告,责令限期改正;逾期不改正的,处 5000 元以上 3 万元以下的罚款:

（一）未按照本办法规定，对职业病危害预评价报告、职业病防护设施设计、职业病危害控制效果评价报告进行评审或者组织职业病防护设施验收的；

（二）职业病危害预评价、职业病防护设施设计、职业病危害控制效果评价或者职业病防护设施验收工作过程未形成书面报告备查的；

（三）建设项目的生产规模、工艺等发生变更导致职业病危害风险发生重大变化的，建设单位对变更内容未重新进行职业病危害预评价和评审，或者未重新进行职业病防护设施设计和评审的；

（四）需要试运行的职业病防护设施未与主体工程同时试运行的；

（五）建设单位未按照本办法第八条规定公布有关信息的。

第四十一条 建设单位在职业病危害预评价报告、职业病防护设施设计、职业病危害控制效果评价报告编制、评审以及职业病防护设施验收等过程中弄虚作假的，由安全生产监督管理部门责令限期改正，给予警告，可以并处5000元以上3万元以下的罚款。

第四十二条 建设单位未按照规定及时、如实报告建设项目职业病防护设施验收方案，或者职业病危害严重建设项目未提交职业病危害控制效果评价与职业病防护设施验收的书面报告的，由安全生产监督管理部门责令限期改正，给予警告，可以并处5000元以上3万元以下的罚款。

第四十三条 参与建设项目职业病防护设施“三同时”监督检查工作的专家库专家违反职业道德或者行为规范，降低标准、弄虚作假、牟取私利，作出显失公正或者虚假意见的，由安全生产监督管理部门将其从专家库除名，终身不得再担任专家库专家。职业卫生专业技术人员在建设项目职业病防护设施“三同时”评审、验收等活动中涉嫌犯罪的，移送司法机关依法追究刑事责任。

第四十四条 违反本办法规定的其他行为，依照《中华人民共和国职业病防治法》有关规定给予处理。

第七章 附 则

第四十五条 煤矿建设项目职业病防护设施"三同时"的监督检查工作按照新修订发布的《煤矿和煤层气地面开采建设项目安全设施监察规定》执行,煤矿安全监察机构按照规定履行国家监察职责。

第四十六条 本办法自2017年5月1日起施行。国家安全生产监督管理总局2012年4月27日公布的《建设项目职业卫生"三同时"监督管理暂行办法》同时废止。

村级档案管理办法

(2017年11月23日国家档案局、民政部、农业部令第12号公布 自2018年1月1日起施行 国法备字[2018000469])

第一条 为了加强农村档案工作,规范村级档案管理,服务新形势下的农村工作,根据《中华人民共和国档案法》《中华人民共和国村民委员会组织法》《中华人民共和国农业法》和国家有关规定,制定本办法。

第二条 本办法所称村级档案是指村党组织、村民委员会、村集体经济组织等(以下简称村级组织)在党组织建设、村民自治、生产经营等活动中形成的具有保存价值的文字、图表、音像等不同形式和载体的历史记录。

第三条 村级档案工作主要包括村级组织对村级档案进行的收集、整理、保管、鉴定、利用等工作。

第四条 村级档案工作实行统一领导、集中管理、安全方便的原则。

村级组织应将档案工作作为村级工作的重要事项，健全相应的工作制度，明确领导、健全机制、保障经费，确保档案的真实、完整、规范和安全。

第五条 村级档案工作在业务上接受乡镇人民政府、档案行政管理部门、民政部门、农业部门和相关部门的监督和指导。

第六条 村级组织应当指定专人负责档案的收集、管理和提供利用。有条件的村应当设立专用档案柜和档案库房集中管理档案。

档案管理人员应当具有良好的政治素质，遵纪守法，忠于职守，具备相应的档案管理知识，并经过一定的档案业务培训。

第七条 村级组织形成的具有保存价值的文件材料，均应当按照要求规范整理后归档，任何组织和个人不得据为己有或者拒绝归档。

县级档案行政管理部门可以依据《村级文件材料归档范围和档案保管期限表》（见附件）的规定，制定符合本地实际的村级文件材料归档范围和档案保管期限表。

第八条 村级档案一般包括文书、基建项目、设施设备、会计、音像、实物等类别。各类文件材料整理方法和归档时间如下：

（一）文书类应当按照《文书档案案卷格式》（GB/T 9705－2008）或者《归档文件整理规则》（DA/T 22－2015）的要求进行整理，于次年上半年归档。

（二）基建项目类应当按照《科学技术档案案卷构成的一般要求》（GB/T 11822－2008），并参照《国家重大建设项目文件材料归档要求与档案整理规范》（DA/T 28－2002）的有关规定及时整理归档。

（三）设施设备类应当在开箱验收后即时归档，使用维修记录等按照《科学技术档案案卷构成的一般要求》进行收集管理。

（四）会计类应当按照《会计档案管理办法》（财政部 国家档案局令第 79 号）的要求进行收集整理，在会计年度终了后于次年 3

月底之前归档。

（五）照片应当按照《照片档案管理规范》（GB/T 11821－2002）、《数码照片归档与管理规范》（DA/T 50－2014）整理，由拍摄者在拍摄后1个月内将照片原图连同文字说明一并归档。

（六）电子文件应当按照《电子文件归档与电子档案管理规范》（GB/T 18894－2016）收集归档并管理。

（七）实物和其他门类按照档案工作有关规定及时归档。

第九条 档案制成材料和装订材料应当符合档案保护的要求。

第十条 档案库房应当采取防火、防盗、防水（潮）、防光、防尘、防磁、防高温、防有害生物等措施。

档案管理人员应当定期检查档案的保管状况，确保档案安全。对音像档案和电子档案，要定期检查信息记录的安全性，确保档案可读可用。

第十一条 不具备档案安全保管条件的，应当将档案交由乡镇档案机构代为保管，村级组织可以保存档案目录等检索工具以方便利用。

第十二条 村级组织换届选举后10日内，应当履行档案交接手续。必要时可以在选举前将档案暂存乡镇政府。村以及村民小组在设立、撤销、范围调整时，应当将档案妥善移交。

档案工作人员离任时应当进行档案移交，履行交接手续，防止档案散失。

第十三条 销毁已达到保管期限的档案时，应当成立档案鉴定工作小组及时进行鉴定。

鉴定工作小组由村级档案管理人员和形成档案的村级组织的人员（或者村民代表）组成，鉴定后应当形成档案鉴定报告。对失去保存价值的档案，应当清点核对并编制档案销毁清册，经过必要的审批手续后按照规定销毁。

禁止擅自销毁档案。村级档案销毁清册应当永久保存。

第十四条　村级档案工作应当积极推进档案信息化建设，配备必要的设施设备和档案管理软件，建立档案电子目录和全文数据库，逐步实现档案的信息网络共享。

第十五条　村级档案工作应当建立档案查阅利用制度，为本村各类组织及其成员、村民提供服务。查阅档案要遵守利用规定、履行查阅手续，不得有涂改、损毁、调换、抽取档案等行为。

档案管理人员应当围绕村中心工作或村级组织及其成员、村民利用需求，加强档案信息资源的开发利用，积极开展档案编研工作，如编写村史、村志、大事记等。

第十六条　对在村级档案工作中作出突出贡献的村干部、档案工作人员和其他组织、个人，由各级人民政府、档案行政管理部门及相关单位给予表彰和奖励。

第十七条　各省（自治区、直辖市）、新疆生产建设兵团档案行政管理部门商同级民政部门和农业部门，可以结合本办法和本地实际，制定实施办法及细则。

第十八条　本办法由国家档案局、民政部、农业部负责解释。

第十九条　本办法自 2018 年 1 月 1 日起施行。

附件：村级文件材料归档范围和档案保管期限表

附件

村级文件材料归档范围和档案保管期限表

一、文书类

1. 党群组织工作文件材料

1.1 本村党组织（党委、党总支、党支部）委员会会议记录、党员大会会议记录、村“两委”联席（班子）会议记录　永久

1.2 本村党组织年度工作计划、总结等材料　永久

1.3 本村党组织关于机构设置、撤并、名称更改、启用和废止印章的请示，上级批复、通知、决定等材料　永久

1.4 本村党务干部任免、分工、考察、奖惩等材料　永久

1.5 本村党组织换届选举候选人的请示、批复和换届选举工作的通知、议程、报告、领导人讲话、大会发言、选举办法、选举结果、决议、上级批复等材料　永久

1.6 本村党员教育培训、组织活动、党性分析、民主评议等方面的计划、总结、会议（活动）记录、请示及上级的批复　永久

1.7 本村发展新党员，党员转正、延期、退党，处置不合格党员等方面的材料　永久

1.8 本村执行上级党组织工作的决定、纪要、报告等材料

（1）重要的　永久

（2）一般的　30年

1.9 本村党组织、党员名册和年报表　永久

1.10 本村党组织关系介绍信、通知书存根　永久

1.11 本村党员交纳党费的清单、票据等　永久

1.12 本村先进集体、先进个人登记表，审批表，名册及各种事迹材料

（1）受到县级（含）以上表彰、奖励的　永久

（2）受到县级以下表彰、奖励的　30年

1.13 本村党员违法违纪的有关材料，处理意见和上级决定、批

复等材料

(1)受到警告(不含)以上处分的　永久

(2)受到警告处分的　30年

1.14 本村纪检、党风廉政工作的计划、总结、报告等材料　30年

1.15 本村开展政治思想、形势教育、精神文明建设工作的计划、总结等有关材料　10年

1.16 本村共青团组织发展、换届选举材料,团员名册、组织关系介绍信及存根、团费缴纳、年度统计表等材料　永久

1.17 本村团代会通知、议程、代表名单、开幕词、报告、决定、选举结果、闭幕词等材料　永久

1.18 本村团组织、团员获得表彰奖励及违法违纪受到处分的请示、报告、批复等材料　永久

1.19 本村工会年度工作计划、总结,工会代表大会的通知、名单、议程、开幕词、报告、决议、闭幕词、选举结果等材料　永久

1.20 本村工会干部任免的请示、批复,会议记录,工会干部、会员名册及统计年报表等材料　永久

1.21 本村妇代会换届选举等材料　永久

1.22 本村计划生育工作年度计划、总结、统计表等材料　永久

1.23 本村独生子女证申请表,育龄妇女生育多胎的申请表、审批表及超生调查报告、汇报、处罚决定等材料　永久

1.24 本村村民婚姻状况证明存根等材料　永久

1.25 本村五好家庭、敬老爱幼模范、文明户、好婆婆、好媳妇等评选活动的材料　30年

1.26 上级发布的本村民兵工作需要执行的文件材料　10年

1.27 本村普通民兵、基干民兵登记表和花名册　永久

1.28 本村兵役登记材料,现役军人、退伍军人情况登记表　永久

2. 村务管理文件材料

2.1 本村村委会会议记录、纪要、决议等材料　永久

2.2 本村村委会年度工作计划、总结等材料　永久

2.3 本村村史、组织沿革、大事记等材料　永久

2.4 本村村委会换届选举工作的通知、选票、选举结果、干部任免等材料　永久

2.5 本村各类工作的请示、报告、汇报及上级的批复等材料

(1)重要的　永久

(2)一般的　30 年

2.6 本村干部、村民名册，村办股份公司股民名册、各类技术人员名册等　永久

2.7 本村干部的招聘、录用、定级、调配、人员任免、离退、调动介绍信存根、工资表，农业村级协管员的聘书、合同或协议等材料　永久

2.8 本村和村内机构设置、更名、撤并及行政区划与隶属关系的变化，启用、废止印章等材料　永久

2.9 本村关于年终分配方案、工资福利、劳动保护的各种文件材料和参加社会养老保险人员名册　永久

2.10 本村干部、职工工资单及年终收益分配审批表、归户结算表等材料　永久

2.11 本村关于房屋拆迁、土地征用、村民房产、地产等材料，相关人员名册等　永久

2.12 本村的村规民约等各种规章制度材料　永久

2.13 本村各种年度统计报表(包括农副工业生产年报，收益分配报表，土地、人口、户数等基本情况统计表等材料)　永久

2.14 本村各种保险材料、综合治理、安全生产承包责任和各种案件、民事纠纷的调解协议、处理决定等材料　永久

2.15 本村信访信件处理结果等材料

(1)有领导重要批示及处理结果的　永久

(2)有处理结果的　30 年

(3)没有处理结果的　10 年

2.16 本村拥军优属、优抚救助等材料　30 年

2.17 本村开展教育、卫生、合作医疗等工作的材料 永久

2.18 本村规划、经济建设及重大决策等材料 永久

2.19 本村公共设施管理、维修维护的材料 永久

2.20 本村生产管理、企业管理的年度工作计划及总结和重大决策等材料 永久

2.21 本村财务管理的年度计划、总结,有关财务审计情况材料 永久

2.22 本村工业、农业等相关税收征收清册和纳税变动情况等材料 永久

2.23 本村各种经济、人口普查统计表 永久

2.24 本村重大事故事件登记材料,调查处理意见、情况报告及善后工作中形成的材料 永久

2.25 本村创建文明小区、爱国卫生工作形成的材料 30 年

2.26 本村农业村级协管事项公开、协查工作记录等材料 30 年

3. 村级集体经济组织经营管理文件材料

3.1 本村经营管理中长期规划和专项发展计划等材料 永久

3.2 本村企业发展重大经营决策方案、规划 永久

3.3 本村企业董事会会议记录、纪要、决议等材料 永久

3.4 本村企业负责人对企业承包、租赁、任期目标责任等材料 永久

3.5 本村企业改制、转制等各种法律证书等材料 永久

3.6 本村企业历史沿革、大事记等材料 永久

3.7 本村集体经济组织、所属各企业年度工作计划、总结等材料 永久

3.8 本村企业的设置、撤并、名称更改、启用和废止印章的请示、批复、通知等材料 永久

3.9 本村及所属各企业的产权文件、土地使用证,各种集体财产合同、协议、委任书、公证书等法律文本、证书材料 永久

3.10 本村集体经济组织章程,换届选举工作的通知、选举结果

等材料　永久

3.11 本村集体经济组织成员(股东)名册、股权登记簿　永久

3.12 本村新办公司、企业项目的申请和批复及可行性报告、章程、合同、验资、营业执照等材料　永久

3.13 本村有关工商企业管理执照的申报、登记、批复以及违章违法被处理,经营不善歇业、破产等材料　永久

3.14 本村企业年度各种统计报表及经济分析等材料　永久

3.15 本村有关物资供销工作的合同、协议等材料　30年

3.16 本村有关经营活动的争议、索赔、判决等材料　永久

3.17 本村企业合资、独资、联营招商的合同、协议等材料　永久

3.18 本村企业年度经营、销售统计等报表

(1)重要的　永久

(2)一般的　10年

3.19 本村企业工资计划、工资总额、奖惩、年终分配方案等表册　永久

3.20 本村企业物资管理、安全生产检查、整改措施执行情况等材料　永久

3.21 本村企业环境保护等材料　永久

3.22 本村企业有关产品标准、国际质量认证等材料　永久

3.23 本村企业有关资产评估,资金、价格管理的审查、验证材料　永久

3.24 本村企业有关经营、审计活动中形成的各项证明和结论材料　永久

3.25 本村有关产品市场调查、宣传、广告和用户服务等材料　30年

3.26 本村有关产品销售等活动中形成的材料　30年

3.27 本村各类农业普查材料　永久

3.28 本村农作物规划布局,粮、棉、油多种经营实种面积、产量以及采、购、留、分配等材料　永久

3.29 本村科学种植、科学饲养的经验总结及原始记录　永久

3.30 本村“星火”“丰收”“火炬”计划项目的申报、验收材料　永久

3.31 本村农业植保、农机管理、水利建设等材料　永久

3.32 本村副业生产及上交任务的指标(畜、禽、蛋、鱼、菌菇等)以及各项任务完成情况、年报、统计表等材料　永久

3.33 本村村办副业项目材料　30 年

3.34 本村关于土地批租、出让、租赁有关材料　永久

3.35 本村农村集体产权制度改革实施方案、工作计划、总结、汇报材料　永久

3.36 本村成立的农村集体产权制度改革工作领导小组、理事会、监事会等机构及组成人员名单　永久

3.37 本村农村集体产权制度改革工作领导小组、理事会、监事会工作职责及工作制度　30 年

3.38 本村研究农村集体产权制度改革工作所形成的会议记录、纪要、决议　永久

3.39 通过协商、招标、挂牌、拍卖等方式流转农村土地承包经营权的文件材料　永久

3.40 农村集体产权制度改革的动员会、宣传、培训,上级领导检查等形成的文件材料　10 年

3.41 农村耕地保护、土地承包经营权、集体建设用地使用权台账　永久

3.42 集体土地调查材料及统计表　永久

3.43 农村集体土地所有权、农村建设用地使用权、村民宅基地使用权等相关确权、登记、颁证的文件材料　永久

3.44 农村土地承包经营权登记申请书、变更登记申请书、登记簿、核准文件　永久

3.45 农村土地承包经营权流转备案申请书、登记表和备案证明等材料　永久

3.46 农村土地承包经营权确权登记方案、登记册、花名册及审核材料 永久

3.47 农村土地使用权确权登记注册情况公告、注册表 永久

3.48 农村土地承包合同、土地承包经营权流转合同、耕地保护合同 永久

二、基建项目类

1. 项目建议书、申请、报告及批复等材料 永久

2. 可行性研究报告、论证意见、项目评估、调查报告等材料永久

3. 项目设计任务书、计划任务书或立项报告、批复等材料 永久

4. 基建项目的会议记录等材料 永久

5. 地质勘探合同、报告、记录、说明等材料 永久

6. 征用土地移民申请、报告、批复、通知、许可证、使用证、用地范围等材料 永久

7. 工程建设执照、防火、环保、防疫等审核通知单 长期

8. 工程建设招投标文件、会议纪要等材料 长期

9. 工程初步设计图纸、概算、设计合同等材料 长期

10. 施工设计、说明、总平面图、建设施工图、给排水图等专业图纸 长期

11. 施工合同、协议,施工预决算,图纸会审纪要、技术核定单、工程更改、材料代用、原材料质保书和全套竣工图等材料 永久

12. 施工监理文件材料 长期

13. 水电安装合同、协议,施工预决算,技术交底,图纸会审,材料出厂证明和竣工图等材料 永久

14. 项目竣工验收申请、批复,消防、环保、防疫、档案等验收记录,基建财务结、决算,项目审计,项目竣工验收证书等材料 永久

三、设施设备类

1. 设备仪器购置可行性研究报告、申请、批复和购置仪器资金申请、批复等材料 长期

2. 设施设备招投标文件、设备采购合同、购买协议等材料 长期

3. 设备仪器开箱验收记录、使用说明书、操作手册、合格证、装箱清单等材料 长期

4. 设备仪器安装调试记录、验收报告、操作保养规定等材料 长期

5. 设备仪器运行、检修、保养、事故处理等记录材料 长期

6. 设施设备技术改造、升级改装、革新改进等文件材料 长期

7. 设备仪器报废申请、批复、证明等材料 长期

四、会计类

1. 各类会计原始凭证、记账凭证、汇总凭证 30 年

2. 会计账簿类

2.1 银行日记账、现金日记账 30 年

2.2 总账、明细账、辅助账簿 30 年

3. 会计报表类

3.1 年度财务报表 永久

3.2 年度财务决算表 永久

3.3 月、季度财务报表 10 年

4. 其他类

4.1 会计档案移交清册 永久

4.2 会计档案保管清册 永久

4.3 会计档案销毁清册 永久

五、照片类

1. 上级领导来村视察、检查工作的照片 永久

2. 国际友人、专家、学者等知名人士前来活动的照片 永久

3. 本村委会各种会议、重要活动形成的照片 永久

4. 本村委会各种产品、奖状、证书、奖杯、锦旗等的拍摄照片 永久

5. 反映村容、厂貌、市政项目建设等的照片 永久

6. 新闻媒体刊登的反映本村情况的照片 永久

生物制品批签发管理办法

（2017 年 12 月 29 日国家食品药品监督管理总局令第 39 号公布　自 2018 年 2 月 1 日起施行　国法备字[2018000388]）

第一章　总　　则

第一条　为加强生物制品监督管理，规范生物制品批签发行为，保证生物制品安全、有效，根据《中华人民共和国药品管理法》（以下简称《药品管理法》）有关规定，制定本办法。

第二条　本办法所称生物制品批签发，是指国家食品药品监督管理总局（以下简称食品药品监管总局）对获得上市许可的疫苗类制品、血液制品、用于血源筛查的体外诊断试剂以及食品药品监管总局规定的其他生物制品，在每批产品上市销售前或者进口时，指定药品检验机构进行资料审核、现场核实、样品检验的监督管理行为。

未通过批签发的产品，不得上市销售或者进口。

第三条　批签发申请人应当是持有药品批准证明文件的境内外制药企业。境外制药企业应当授权其驻我国境内办事机构或者我国境内企业法人作为代理人办理批签发。

批签发产品应当按照食品药品监管总局核准的工艺生产。企业对批签发产品生产、检验等过程中形成的资料、记录和数据的真实性负责。批签发资料应当经企业质量受权人审核并签发。

每批产品上市销售前或者进口时，批签发申请人应当主动提出批签发申请，依法履行批签发活动中的法定义务，保证申请批签发的产品质量可靠以及批签发申请资料、过程记录、试验数据和样品的真实性。

第四条　食品药品监管总局主管全国生物制品批签发工作，负责规定批签发品种范围，指定批签发机构，指导批签发工作的实施。

省、自治区、直辖市食品药品监督管理部门负责本行政区域批签发申请人的日常监管，协助批签发机构开展现场核实，组织批签发产品的现场抽样及批签发不合格产品的处置，对批签发过程中发现的违法违规行为进行调查处理。

食品药品监管总局指定的批签发机构负责批签发的受理、资料审核、现场核实、样品检验等工作，并依法作出批签发决定。

食品药品监管总局委托中国食品药品检定研究院（以下简称中检院）组织制定批签发技术要求和技术考核细则，对拟承担批签发工作或者扩大批签发品种范围的药品检验机构进行能力评估和考核，对其他批签发机构进行业务指导、技术培训和考核评估。

食品药品监管总局食品药品审核查验中心（以下简称核查中心）负责批签发过程中的现场检查工作。

第五条　食品药品监管总局对批签发产品建立基于风险的监督管理体系。必要时，可以通过现场核实验证批签发申请资料的真实性、可靠性。

第六条　生物制品批签发审核、检验应当依据食品药品监管总局核准的药品注册标准，并应当同时符合中华人民共和国药典（以下简称药典）要求。

第二章　批签发机构确定

第七条　批签发机构及其所负责的批签发品种由食品药品监管总局确定。

食品药品监管总局根据批签发工作需要，适时公布新增批签发机构及批签发机构扩增批签发品种的遴选标准和条件。

第八条　自评符合遴选标准和条件要求的药品检验机构可以

向省、自治区、直辖市食品药品监督管理部门提出申请，省、自治区、直辖市食品药品监督管理部门初步审查后，报食品药品监管总局。

中检院对提出申请的药品检验机构进行能力评估和考核。食品药品监管总局根据考核结果确定由该药品检验机构承担相应品种的批签发工作，或者对批签发机构扩大批签发品种范围。

第九条　中检院应当根据批签发工作需要，对批签发机构进行评估，评估情况及时报告食品药品监管总局。

第十条　批签发机构有下列情形之一的，食品药品监管总局取消该机构批签发资格：

（一）因主观原因发生重大差错，造成严重后果的；

（二）出具虚假检验报告的；

（三）经评估不再具备批签发机构标准和条件要求的。

第三章　批签发申请

第十一条　新批准上市的生物制品首次申请批签发前，批签发申请人应当在批签发信息管理系统内登记建档。登记时应当提交以下资料：

（一）生物制品批签发品种登记表；

（二）药品批准证明文件；

（三）合法生产的证明性文件。

相关资料符合要求的，中检院应当在 10 日内完成所申请品种在批签发信息管理系统内的登记确认。

登记信息发生变化时，批签发申请人应当及时在批签发信息管理系统内变更。

第十二条　对拟申请批签发的每个品种，批签发申请人应当建立独立的批签发生产及检定记录摘要模板，报中检院核定后，由中检院分发给批签发机构和申请人。批签发申请人需要修订已核定的批签发生产及检定记录摘要模板的，应当向中检院提出申请，经中检院核定后方可变更。

第十三条 按照批签发管理的生物制品在生产、检验完成后，批签发申请人应当在批签发信息管理系统内填写生物制品批签发申请表，并根据申请批签发产品的药品生产企业所在地或者拟进口口岸所在地，向相应属地的批签发机构申请批签发。

第十四条 批签发申请人凭生物制品批签发申请表向省、自治区、直辖市食品药品监督管理部门或者其指定的抽样机构提出抽样申请，抽样人员在5日内组织现场抽样，并将所抽样品封存。批签发申请人将封存样品在规定条件下送至批签发机构办理批签发登记，同时提交批签发申请资料。

省、自治区、直辖市食品药品监督管理部门负责组织本行政区域生产或者进口的批签发产品的抽样工作，确定相对固定的抽样机构和人员并在批签发机构备案，定期对抽样机构和人员进行培训，对抽样工作进行督查指导。

第十五条 批签发申请人申请批签发时，应当提供以下证明性文件、资料及样品：

（一）生物制品批签发申请表；

（二）药品批准证明文件；

（三）合法生产的证明性文件；

（四）上市后变更的批准证明性文件；

（五）药品生产企业质量受权人签字并加盖企业公章的批生产及检定记录摘要；

（六）数量满足相应品种批签发检验要求的同批号产品，必要时提供与检验相关的中间产品、标准物质、试剂等材料；

（七）质量受权人等关键人员变动情况的说明；

（八）与产品质量相关的其他资料。

进口疫苗类制品和血液制品应当同时提交生产企业所在国家或者地区的原产地证明以及药品管理当局出具的批签发证明文

件，并提供经公证的中文译本。进口产品在本国免予批签发的，应当提供免予批签发的证明性文件。

相关证明性文件为复印件的，应当加盖企业公章。

生物制品批生产及检定记录摘要，是指概述某一批生物制品全部生产工艺流程和质量控制关键环节检验结果的文件。该文件应当由企业质量管理部门和质量受权人审核确定。

第十六条 批签发机构收到申请资料及样品后，应当立即核对，交接双方登记签字确认后，妥善保存。批签发申请人无法现场签字确认的，应当提前递交书面承诺。

批签发机构应当在5日内决定是否受理。同意受理的，出具生物制品批签发登记表；不予受理的，予以退回，发给不予受理通知书并说明理由。

申请资料不齐全或者不符合规定形式的，批签发机构应当在5日内一次性书面告知批签发申请人需要补正的全部内容及资料补正时限。逾期不告知的，自收到申请资料之日起即为受理。

申请资料存在可以当场更正的错误的，应当允许批签发申请人当场更正。

未获批签发机构受理的，不得更换其他批签发机构再次申请。

第十七条 对于国家疾病防控应急需要的生物制品，经食品药品监管总局批准，企业在完成生产后即可向批签发机构申请批签发。

在批签发机构作出批签发合格结论前，批签发申请人应当将批签发申请资料补充完整并提交批签发机构。

第四章 审核、检验、检查与签发

第十八条 批签发可以采取资料审核的方式，也可以采取资料审核和样品检验相结合的方式进行，并可根据需要进行现场核实。对不同品种所采用的批签发方式及检验项目和检验比例，由中检院负责组织论证,各批签发机构按照确定的批签发方式和检验要求进行检验。

批签发机构在对具体品种的批签发过程中,可以根据该品种的工艺及质量控制成熟度和既往批签发等情况进行综合评估,动态调整该品种注册标准中的检验项目和检验频次。批签发产品出现不合格项目的,批签发机构应当对后续批次产品的相应项目增加检验频次。

第十九条 资料审核的内容包括:

(一)申请资料内容是否符合要求;

(二)生产用原辅材料、菌种、毒种、细胞等是否与食品药品监管总局批准的一致;

(三)生产工艺和过程控制是否与食品药品监管总局批准的一致并符合药典要求;

(四)产品原液、半成品和成品的检验项目、检验方法和结果是否符合药典和药品注册标准的要求;

(五)产品关键质量指标趋势分析是否存在异常;

(六)产品包装、标签及说明书是否与食品药品监管总局核准的内容一致;

(七)其他需要审核的项目。

第二十条 批签发机构应当根据批签发申请人既往质量管理情况、相应品种工艺成熟度和产品质量稳定情况等,对申请批签发的产品开展不同比例的现场核实,并可按需要抽取样品进行检验。

第二十一条 有下列情形之一的,产品应当按照注册标准进行全部项目检验,至少连续生产的三批产品批签发合格后,方可进行部分项目检验:

(一)批签发申请人新获食品药品监管总局批准上市的产品;

(二)生产场地发生变更并经批准的;

(三)生产工艺发生变更并经批准的;

(四)产品连续两年未申请批签发的;

（五）因违反相关法律法规被责令停产后经批准恢复生产的；

（六）有信息提示相应产品的质量或者质量控制可能存在潜在风险的；

（七）其他需要进行连续三批全部项目检验的情形。

第二十二条 批签发机构应当在本办法规定的工作时限内完成批签发工作。批签发申请人补正资料的时间、现场核实、现场检查和技术评估时间不计入批签发工作时限。

疫苗类产品应当在60日内完成批签发，血液制品和用于血源筛查的体外诊断试剂应当在35日内完成批签发。需要复试的，批签发工作时限可延长该检验项目的两个检验周期，并告知批签发申请人。

因品种特性及检验项目原因确需延长批签发时限的，经中检院审核确定后公开。

第二十三条 批签发机构因不可抗力或者突发公共卫生事件应急处置等原因，在规定的时限内不能完成批签发工作的，应当将批签发延期的时限、理由及预期恢复的时间书面通知批签发申请人。确实难以完成的，由中检院协调其他批签发机构承担。

第二十四条 批签发机构认为申请资料中的有关数据需要核对或者补充的，应当书面通知批签发申请人补正资料，并明确回复时限。

批签发机构在保证资料审核和样品检验等技术审查工作独立性的前提下，可就批签发过程中需要解释的具体问题与批签发申请人进行沟通。

批签发机构对批签发申请资料及样品真实性存疑或者需要进一步核对的，应当及时派员到生产企业进行现场核实，并可视情况通知省、自治区、直辖市食品药品监督管理部门派监管执法人员予以配合。确认企业存在真实性问题的，不予批签发。

第二十五条 有下列情形之一的，批签发机构应当通知企业所在地省、自治区、直辖市食品药品监督管理部门，并责令企业分析查找原因，向核查中心提出现场检查建议，同时报告食品药品监管总局：

（一）无菌等重要安全性指标检验不合格的；

（二）效力等有效性指标连续两批检验不合格的；

（三）资料审核提示产品生产质量控制可能存在严重问题的；

（四）批签发申请资料或者样品可能存在真实性问题的；

（五）其他提示产品存在重大质量风险的情形。

在上述问题调查处理期间，暂停受理该企业相应品种的批签发申请。

第二十六条 核查中心接到现场检查建议后，应当在20日内进行现场检查。

检查结束后10日内，核查中心应当组织对批签发机构提出的相关批次产品的质量风险进行技术评估，作出明确结论，形成现场检查报告送批签发机构并报食品药品监管总局。境外现场检查时限由食品药品监管总局根据具体情况确定。

企业在查清问题原因并整改完成后，向所在地省、自治区、直辖市食品药品监督管理部门和批签发机构报告，经核查中心现场检查符合要求后方可恢复批签发申请。

第二十七条 批签发申请人因非质量问题申请撤回批签发的，应当说明理由，经批签发机构同意后方可撤回，并向所在地省、自治区、直辖市食品药品监督管理部门报告批签发申请撤回情况。

批签发机构已经确认资料审核提示缺陷、检验结果不符合规定的，批签发申请人不得撤回。

第二十八条 批签发机构根据资料审核、样品检验或者现场检查等结果作出批签发结论。符合要求的，签发生物制品批签发证明，加盖批签发专用章，发给批签发申请人。

按照批签发管理的生物制品在销售时，应当出具该批产品的生物制品批签发证明复印件并加盖企业公章。

第二十九条 有下列情形之一的，不予批签发，向批签发申请人出具生物制品不予批签发通知书，并抄送批签发申请人所在地省、自治区、直辖市食品药品监督管理部门：

（一）资料审核不符合要求的；

（二）样品检验不合格的；

（三）现场检查发现违反药品生产质量管理规范、存在严重缺陷的；

（四）现场检查发现产品存在系统性质量风险的；

（五）批签发申请人无正当理由，未在规定时限内补正资料的；

（六）其他不符合法律法规要求的。

第三十条 不予批签发的生物制品，由所在地省、自治区、直辖市食品药品监督管理部门按照有关规定监督批签发申请人销毁。进口生物制品由口岸所在地食品药品监督管理部门监督销毁，或者退回境外厂商。

批签发申请人应当将销毁记录同时报食品药品监督管理部门和相应的批签发机构。

第三十一条 在批签发工作中发现企业产品存在严重缺陷，涉及已上市流通批次的，食品药品监管总局应当立即通知批签发申请人，批签发申请人应当及时采取停止销售、使用、召回缺陷产品等措施，并按照有关规定在省、自治区、直辖市食品药品监督管理部门的监督下予以销毁。批签发申请人应当将销毁记录同时报食品药品监督管理部门和相应的批签发机构。

批签发申请人召回产品的，不免除其依法应当承担的其他法律责任。

第三十二条 批签发机构应当对批签发工作情况进行年度总结，由中检院汇总分析后，于每年 3 月底前向食品药品监管总局报告。

第五章 复 审

第三十三条 批签发申请人对生物制品批签发通知书有异议

的，可以自收到生物制品批签发通知书之日起7日内，向原批签发机构或者直接向中检院提出复审申请。

第三十四条 原批签发机构或者中检院应当在收到批签发申请人的复审申请之日起20日内作出是否复审的决定，复审内容仅限于原申请事项及原报送资料。按规定需要复验的，其样品为原批签发机构保留的样品，其时限按照本办法第二十二条规定执行。

有下列情形之一的，不予复审：

（一）不合格项目为无菌、热原（细菌内毒素）等食品药品监督管理部门规定不得复验的项目；

（二）样品明显不均匀的；

（三）样品有效期不能满足检验需求的；

（四）批签发申请人书面承诺放弃复验的。

第三十五条 复审维持原决定的，发给生物制品批签发复审结果通知书，不再受理批签发申请人再次提出的复审申请；复审改变原结论的，收回原生物制品不予批签发通知书，发给生物制品批签发证明。

第六章 信息公开

第三十六条 食品药品监管总局建立统一的批签发信息管理系统，公布批签发机构确定及调整情况，向批签发申请人提供可查询的批签发进度、批签发结论，汇总公开已完成批签发的产品批签发结论以及重大问题处理决定等信息。

中检院负责批签发信息管理系统的日常运行和维护。

第三十七条 批签发机构应当在本机构网站或者申请受理场所公开批签发申请程序、需要提交的批签发材料目录和申请书示范文本、收费标准和依据、时限要求等信息。

第三十八条 批签发机构应当在本机构每一批产品批签发决定作出后7日内公开批签发结论等信息。

第七章 法律责任

第三十九条 食品药品监督管理部门、批签发机构及其工作人员违反本办法规定,有下列情形之一的,由其上级行政机关或者监察机关责令改正;情节严重的,对直接负责的主管人员和其他直接责任人员依法给予行政处分:

(一)对符合法定条件的批签发申请不予受理的;

(二)不在本机构网站或者申请受理场所公示依法应当公示的材料的;

(三)在批签发过程中,未按规定向行政相对人履行告知义务的;

(四)批签发申请人提交的申请资料、样品不齐全、不符合法定形式,不一次告知批签发申请人必须补正的全部内容的;

(五)未依法说明不受理或者不予批签发理由的。

第四十条 食品药品监督管理部门、批签发机构及其工作人员在批签发工作中有下列情形之一的,由其上级行政机关或者监察机关责令改正,对直接负责的主管人员和其他直接责任人员依法给予行政处分;构成犯罪的,依法追究刑事责任:

(一)对不符合法定条件的申请作出准予批签发结论或者超越法定职权作出批签发结论的;

(二)对符合法定条件的申请作出不予批签发结论的;

(三)批签发过程中违反程序要求,私自向批签发申请人或者第三方透露相关工作信息,造成严重后果的;

(四)批签发过程中收受、索取批签发申请人财物或者谋取其他利益的。

第四十一条 批签发机构在承担批签发相关工作时,出具虚假检验报告的,依照《药品管理法》第八十六条的规定予以处罚。

第四十二条 批签发申请人提供虚假资料或者样品,或者故意瞒报影响产品质量的重大变更情况，骗取生物制品批签发证明的，依照《药品管理法》第八十二条的规定予以处罚。

伪造生物制品批签发证明的，依照《药品管理法》第八十一条的规定予以处罚。

第四十三条 经现场检查，药品生产不符合药品生产质量管理规范的，依照《药品管理法》第七十八条的规定予以处罚。

第四十四条 销售、使用未获得生物制品批签发证明的生物制品的，依照《药品管理法》第七十三条的规定予以处罚。

第八章 附 则

第四十五条 本办法规定的批签发工作期限以工作日计算，不含法定节假日。

第四十六条 按照批签发管理的生物制品进口时，还应当符合药品进口相关法律法规的规定。

第四十七条 生物制品批签发申请表、生物制品批签发登记表、生物制品批签发证明、生物制品不予批签发通知书、生物制品批签发复审申请表、生物制品批签发复审结果通知书的格式由中检院统一制定并公布。

第四十八条 生物制品批签发证明、生物制品不予批签发通知书、生物制品批签发复审结果通知书由批签发机构按照顺序编号，其格式为“批签 X(进)检 XXXXXXXX”，其中，前 X 符号代表批签发机构所在地省、自治区、直辖市行政区域或者机构的简称，进口生物制品使用“进”字；后 8 个 X 符号的前 4 位为公元年号，后 4 位为年内顺序号。

第四十九条 本办法自 2018 年 2 月 1 日起施行。2004 年 7 月 13 日公布的《生物制品批签发管理办法》(原国家食品药品监督管理局令第 11 号)同时废止。

冶金企业和有色金属企业安全生产规定

（2018年1月4日国家安全生产监督管理总局令第91号公布　自2018年3月1日起施行　国法备字[2018000404]）

第一章　总　　则

第一条　为了加强冶金企业和有色金属企业安全生产工作，预防和减少生产安全事故与职业病，保障从业人员安全健康，根据《中华人民共和国安全生产法》《中华人民共和国职业病防治法》，制定本规定。

第二条　冶金企业和有色金属企业（以下统称企业）的安全生产（含职业健康，下同）和监督管理，适用本规定。

机械铸造企业中金属冶炼活动的安全生产和监督管理参照本规定执行。

第三条　本规定所称冶金企业，是指从事黑色金属冶炼及压延加工业等生产活动的企业。

本规定所称有色金属企业，是指从事有色金属冶炼及压延加工业等生产活动的企业。

本规定所称金属冶炼，是指冶金企业和有色金属企业从事达到国家规定规模（体量）的高温熔融金属及熔渣（以下统称高温熔融金属）的生产活动。

黑色金属冶炼及压延加工业、有色金属冶炼及压延加工业的具体目录，由国家安全生产监督管理总局参照《国民经济行业分类》（GB/T 4754）制定并公布。

第四条　企业是安全生产的责任主体。企业所属不具备法人资格的分支机构的安全生产工作，由企业承担管理责任。

第五条 国家安全生产监督管理总局指导、监督全国冶金企业和有色金属企业安全生产工作。

县级以上地方人民政府安全生产监督管理部门和有关部门(以下统称负有冶金有色安全生产监管职责的部门)根据本级人民政府规定的职责,按照属地监管、分级负责的原则,对本行政区域内的冶金企业和有色金属企业的安全生产工作实施监督管理。

第二章 企业的安全生产保障

第六条 企业应当遵守有关安全生产法律、行政法规、规章和国家标准或者行业标准的规定。

企业应当建立安全风险管控和事故隐患排查治理双重预防机制,落实从主要负责人到每一名从业人员的安全风险管控和事故隐患排查治理责任制。

第七条 企业应当按照规定开展安全生产标准化建设工作,推进安全健康管理系统化、岗位操作行为规范化、设备设施本质安全化和作业环境器具定置化,并持续改进。

第八条 企业应当建立健全全员安全生产责任制,主要负责人(包括法定代表人和实际控制人,下同)是本企业安全生产的第一责任人,对本企业的安全生产工作全面负责;其他负责人对分管范围内的安全生产工作负责;各职能部门负责人对职责范围内的安全生产工作负责。

第九条 企业主要负责人应当每年向股东会或者职工代表大会报告本企业安全生产状况,接受股东和从业人员对安全生产工作的监督。

第十条 企业存在金属冶炼工艺,从业人员在一百人以上的,应当设置安全生产管理机构或者配备不低于从业人员千分之三的专职安全生产管理人员,但最低不少于三人;从业人员在一百人以下的,应当设置安全生产管理机构或者配备专职安全生产管理人员。

第十一条 企业主要负责人、安全生产管理人员应当接受安全生产教育和培训，具备与本企业生产经营活动相适应的安全生产知识和管理能力。其中，存在金属冶炼工艺的企业的主要负责人、安全生产管理人员自任职之日起六个月内，必须接受负有冶金有色安全生产监管职责的部门对其进行安全生产知识和管理能力考核，并考核合格。

企业应当按照国家有关规定对从业人员进行安全生产教育和培训，保证从业人员具备必要的安全生产知识，了解有关安全生产法律法规，熟悉本企业规章制度和安全技术操作规程，掌握本岗位安全操作技能，并建立培训档案，记录培训、考核等情况。未经安全生产教育培训合格的从业人员，不得上岗作业。

企业应当对新上岗从业人员进行厂（公司）、车间（职能部门）、班组三级安全生产教育和培训；对调整工作岗位、离岗半年以上重新上岗的从业人员，应当经车间（职能部门）、班组安全生产教育和培训合格后，方可上岗作业。

新工艺、新技术、新材料、新设备投入使用前，企业应当对有关操作岗位人员进行专门的安全生产教育和培训。

第十二条 企业从事煤气生产、储存、输送、使用、维护检修作业的特种作业人员必须依法经专门的安全技术培训，并经考核合格，取得《中华人民共和国特种作业操作证》后，方可上岗作业。

第十三条 企业新建、改建、扩建工程项目（以下统称建设项目）的安全设施和职业病防护设施应当严格执行国家有关安全生产、职业病防治法律、行政法规和国家标准或者行业标准的规定，并与主体工程同时设计、同时施工、同时投入生产和使用。安全设施和职业病防护设施的投资应当纳入建设项目概算。

第十四条 金属冶炼建设项目在可行性研究阶段，建设单位应当依法进行安全评价。

建设项目在初步设计阶段，建设单位应当委托具备国家规定资质的设计单位对其安全设施进行设计，并编制安全设施设计。

建设项目竣工投入生产或者使用前，建设单位应当按照有关规定进行安全设施竣工验收。

第十五条 国家安全生产监督管理总局负责实施国务院审批（核准、备案）的金属冶炼建设项目的安全设施设计审查。

省、自治区、直辖市人民政府负有冶金有色安全生产监管职责的部门对本行政区域内金属冶炼建设项目实施指导和监督管理，确定并公布本行政区域内有关部门对金属冶炼建设项目安全设施设计审查的管辖权限。

第十六条 企业应当对本企业存在的各类危险因素进行辨识，在有较大危险因素的场所和设施、设备上，按照有关国家标准、行业标准的要求设置安全警示标志，并定期进行检查维护。

对于辨识出的重大危险源，企业应当登记建档、监测监控，定期检测、评估，制定应急预案并定期开展应急演练。

企业应当将重大危险源及有关安全措施、应急预案报有关地方人民政府负有冶金有色安全生产监管职责的部门备案。

第十七条 企业应当建立应急救援组织。生产规模较小的，可以不建立应急救援组织，但应当指定兼职的应急救援人员，并且可以与邻近的应急救援队伍签订应急救援协议。

企业应当配备必要的应急救援器材、设备和物资，并进行经常性维护、保养，保证正常运转。

第十八条 企业应当采取有效措施预防、控制和消除职业病危害，保证工作场所的职业卫生条件符合法律、行政法规和国家标准或者行业标准的规定。

企业应当定期对工作场所存在的职业病危害因素进行检测、评价，检测结果应当在本企业醒目位置进行公布。

第十九条 企业应当按照有关规定加强职业健康监护工作，对接触职业病危害的从业人员，应当在上岗前、在岗期间和离岗时组织职业健康检查，将检查结果书面告知从业人员，并为其建立职业健康监护档案。

第二十条 企业应当加强对施工、检修等重点工程和生产经营项目、场所的承包单位的安全管理，不得将有关工程、项目、场所发包给不具备安全生产条件或者相应资质的单位。企业和承包单位的承包协议应当明确约定双方的安全生产责任和义务。

企业应当对承包单位的安全生产进行统一协调、管理，对从事检修工程的承包单位检修方案中的安全措施和应急处置措施进行审核，监督承包单位落实。

企业应当对承包检修作业现场进行安全交底，并安排专人负责安全检查和协调。

第二十一条 企业应当从合法的劳务公司录用劳务人员，并与劳务公司签订合同，对劳务人员进行统一的安全生产教育和培训。

第二十二条 企业的正常生产活动与其他单位的建设施工或者检修活动同时在本企业同一作业区域内进行的，企业应当指定专职安全生产管理人员负责作业现场的安全检查工作，对有关作业活动进行统一协调、管理。

第二十三条 企业应当建立健全设备设施安全管理制度，加强设备设施的检查、维护、保养和检修，确保设备设施安全运行。

对重要岗位的电气、机械等设备，企业应当实行操作牌制度。

第二十四条 企业不得使用不符合国家标准或者行业标准的技术、工艺和设备；对现有工艺、设备进行更新或者改造的，不得降低其安全技术性能。

第二十五条 企业的建（构）筑物应当按照国家标准或者行业标准规定，采取防火、防爆、防雷、防震、防腐蚀、隔热等防护措施，对承受重荷载、荷载发生变化或者受高温熔融金属喷溅、酸碱腐蚀等危害的建（构）筑物，应当定期对建（构）筑物结构进行安全检查。

第二十六条 企业对起重设备进行改造并增加荷重的，应当同时对承重厂房结构进行荷载核定，并对承重结构采取必要的加固措施，确保承重结构具有足够的承重能力。

第二十七条 企业的操作室、会议室、活动室、休息室、更衣室等场所不得设置在高温熔融金属吊运的影响范围内。进行高温熔融金属吊运时，吊罐（包）与大型槽体、高压设备、高压管路、压力容器的安全距离应当符合有关国家标准或者行业标准的规定，并采取有效的防护措施。

第二十八条 企业在进行高温熔融金属冶炼、保温、运输、吊运过程中，应当采取防止泄漏、喷溅、爆炸伤人的安全措施，其影响区域不得有非生产性积水。

高温熔融金属运输专用路线应当避开煤气、氧气、氢气、天然气、水管等管道及电缆；确需通过的，运输车辆与管道、电缆之间应当保持足够的安全距离，并采取有效的隔热措施。

严禁运输高温熔融金属的车辆在管道或者电缆下方，以及有易燃易爆物质的区域停留。

第二十九条 企业对电炉、电解车间应当采取防雨措施和有效的排水设施，防止雨水进入槽下地坪，确保电炉、电解槽下没有积水。

企业对电炉、铸造熔炼炉、保温炉、倾翻炉、铸机、流液槽、熔盐电解槽等设备，应当设置熔融金属紧急排放和储存的设施，并在设备周围设置拦挡围堰，防止熔融金属外流。

第三十条 吊运高温熔融金属的起重机，应当满足《起重机械安全技术监察规程——桥式起重机》（TSGQ 002）和《起重机械定期检验规则》（TSGQ 7015）的要求。

企业应当定期对吊运、盛装熔融金属的吊具、罐体（本体、耳轴）进行安全检查和探伤检测。

第三十一条 生产、储存、使用煤气的企业应当建立煤气防护站（组），配备必要的煤气防护人员、煤气检测报警装置及防护设施，并且每年至少组织一次煤气事故应急演练。

第三十二条 生产、储存、使用煤气的企业应当严格执行《工业企业煤气安全规程》（GB 6222），在可能发生煤气泄漏、聚集的场所，设置固定式煤气检测报警仪和安全警示标志。

进入煤气区域作业的人员，应当携带便携式一氧化碳检测报警仪，配备空气呼吸器，并由企业安排专门人员进行安全管理。

煤气柜区域应当设有隔离围栏，安装在线监控设备，并由企业安排专门人员值守。煤气柜区域严禁烟火。

第三十三条 企业对涉及煤气、氧气、氢气等易燃易爆危险化学品生产、输送、使用、储存的设施以及油库、电缆隧道(沟)等重点防火部位，应当按照有关规定采取有效、可靠的防火、防爆和防泄漏措施。

企业对具有爆炸危险环境的场所，应当按照《爆炸性气体环境用电气设备》(GB 3836)及《爆炸危险环境电力装置设计规范》(GB 50058)设置自动检测报警和防灭火装置。

第三十四条 企业对反应槽、罐、池、釜和储液罐、酸洗槽应当采取防腐蚀措施，设置事故池，进行经常性安全检查、维护、保养，并定期检测，保证正常运转。

企业实施浸出、萃取作业时，应当采取防火防爆、防冒槽喷溅和防中毒等安全措施。

第三十五条 企业从事产生酸雾危害的电解作业时，应当采取防止酸雾扩散及槽体、厂房防腐措施。电解车间应当保持厂房通风良好，防止电解产生的氢气聚集。

第三十六条 企业在使用酸、碱的作业场所，应当采取防止人员灼伤的措施，并设置安全喷淋或者洗涤设施。

采用剧毒物品的电镀、钝化等作业，企业应当在电镀槽的下方设置事故池，并加强对剧毒物品的安全管理。

第三十七条 企业对生产过程中存在二氧化硫、氯气、砷化氢、氟化氢等有毒有害气体的工作场所，应当采取防止人员中毒的措施。

企业对存在铅、镉、铬、砷、汞等重金属蒸气、粉尘的作业场所，应当采取预防重金属中毒的措施。

第三十八条　企业应当建立有限空间、动火、高处作业、能源介质停送等较大危险作业和检修、维修作业审批制度，实施工作票（作业票）和操作票管理，严格履行内部审批手续，并安排专门人员进行现场安全管理，确保作业安全。

第三十九条　企业在生产装置复产前，应当组织安全检查，进行安全条件确认。

第三章　监督管理

第四十条　负有冶金有色安全生产监管职责的部门应当依法加强对企业安全生产工作的监督检查，明确每个企业的安全生产监督管理主体，发现存在事故隐患的，应当及时处理；发现重大事故隐患的，实施挂牌督办。

第四十一条　负有冶金有色安全生产监管职责的部门应当将企业安全生产标准化建设、安全生产风险管控和隐患排查治理双重预防机制的建立情况纳入安全生产年度监督检查计划，并按照计划检查督促企业开展工作。

第四十二条　负有冶金有色安全生产监管职责的部门应当加强对监督检查人员的冶金和有色金属安全生产专业知识的培训，提高其行政执法能力。

第四十三条　负有冶金有色安全生产监管职责的部门应当为进入有限空间等特定作业场所进行监督检查的人员，配备必需的个体防护用品和监测检查仪器。

第四十四条　负有冶金有色安全生产监管职责的部门应当加强对本行政区域内企业应急预案的备案管理，并将重大事故应急救援纳入地方人民政府应急救援体系。

第四章　法律责任

第四十五条　监督检查人员在对企业进行监督检查时，滥用职权、玩忽职守、徇私舞弊的,依照有关规定给予处分;构成犯罪的,依法追究刑事责任。

第四十六条 企业违反本规定第二十四条至第三十七条的规定,构成生产安全事故隐患的,责令立即消除或者限期消除事故隐患;企业拒不执行的,责令停产停业整顿,并处十万元以上五十万元以下的罚款,对其直接负责的主管人员和其他直接责任人员处二万元以上五万元以下的罚款。

第四十七条 企业违反本规定的其他违法行为,分别依照《中华人民共和国安全生产法》《中华人民共和国职业病防治法》等的规定追究法律责任。

第五章 附　　则

第四十八条 本规定自2018年3月1日起施行。国家安全生产监督管理总局2009年9月8日公布的《冶金企业安全生产监督管理规定》(国家安全生产监督管理总局令第26号)同时废止。

商业银行股权管理暂行办法

(2018年1月5日中国银行业监督管理委员会令2018年第1号公布　自公布之日起施行　国法备字[2018000402])

第一章 总　　则

第一条 为加强商业银行股权管理,规范商业银行股东行为,保护商业银行、存款人和其他客户的合法权益,维护股东的合法利益,促进商业银行持续健康发展,根据《中华人民共和国公司法》《中华人民共和国银行业监督管理法》《中华人民共和国商业银行法》等法律法规，制定本办法。

第二条 本办法适用于中华人民共和国境内依法设立的商业银行。法律法规对外资银行变更股东或调整股东持股比例另有规定的，从其规定。

第三条 商业银行股权管理应当遵循分类管理、资质优良、关系清晰、权责明确、公开透明原则。

第四条 投资人及其关联方、一致行动人单独或合计拟首次持有或累计增持商业银行资本总额或股份总额百分之五以上的，应当事先报银监会或其派出机构核准。对通过境内外证券市场拟持有商业银行股份总额百分之五以上的行政许可批复，有效期为六个月。审批的具体要求和程序按照银监会相关规定执行。

投资人及其关联方、一致行动人单独或合计持有商业银行资本总额或股份总额百分之一以上、百分之五以下的，应当在取得相应股权后十个工作日内向银监会或其派出机构报告。报告的具体要求和程序，由银监会另行规定。

第五条 商业银行股东应当具有良好的社会声誉、诚信记录、纳税记录和财务状况，符合法律法规规定和监管要求。

第六条 商业银行的股东及其控股股东、实际控制人、关联方、一致行动人、最终受益人等各方关系应当清晰透明。

股东与其关联方、一致行动人的持股比例合并计算。

第七条 商业银行股东应当遵守法律法规、监管规定和公司章程，依法行使股东权利，履行法定义务。

商业银行应当加强对股权事务的管理，完善公司治理结构。

银监会及其派出机构依法对商业银行股权进行监管，对商业银行及其股东等单位和人员的相关违法违规行为进行查处。

第八条 商业银行及其股东应当根据法律法规和监管要求，充分披露相关信息，接受社会监督。

第九条 商业银行、银监会及其派出机构应当加强对商业银行主要股东的管理。

商业银行主要股东是指持有或控制商业银行百分之五以上股份或表决权,或持有资本总额或股份总额不足百分之五但对商业银行经营管理有重大影响的股东。

前款中的“重大影响”,包括但不限于向商业银行派驻董事、监事或高级管理人员,通过协议或其他方式影响商业银行的财务和经营管理决策以及银监会或其派出机构认定的其他情形。

第二章 股东责任

第十条 商业银行股东应当严格按照法律法规和银监会规定履行出资义务。

商业银行股东应当使用自有资金入股商业银行,且确保资金来源合法,不得以委托资金、债务资金等非自有资金入股,法律法规另有规定的除外。

第十一条 主要股东入股商业银行时,应当书面承诺遵守法律法规、监管规定和公司章程,并就入股商业银行的目的作出说明。

第十二条 商业银行股东不得委托他人或接受他人委托持有商业银行股权。

商业银行主要股东应当逐层说明其股权结构直至实际控制人、最终受益人,以及其与其他股东的关联关系或者一致行动关系。

第十三条 商业银行股东转让所持有的商业银行股权,应当告知受让方需符合法律法规和银监会规定的条件。

第十四条 同一投资人及其关联方、一致行动人作为主要股东参股商业银行的数量不得超过 2 家,或控股商业银行的数量不得超过 1 家。

根据国务院授权持有商业银行股权的投资主体、银行业金融机构,法律法规另有规定的主体入股商业银行,以及投资人经银监会批准并购重组高风险商业银行，不受本条前款规定限制。

第十五条 同一投资人及其关联方、一致行动人入股商业银行应当遵守银监会规定的持股比例要求。

第十六条 商业银行主要股东及其控股股东、实际控制人不得存在下列情形：

（一）被列为相关部门失信联合惩戒对象；

（二）存在严重逃废银行债务行为；

（三）提供虚假材料或者作不实声明；

（四）对商业银行经营失败或重大违法违规行为负有重大责任；

（五）拒绝或阻碍银监会或其派出机构依法实施监管；

（六）因违法违规行为被金融监管部门或政府有关部门查处，造成恶劣影响；

（七）其他可能对商业银行经营管理产生不利影响的情形。

第十七条 商业银行主要股东自取得股权之日起五年内不得转让所持有的股权。

经银监会或其派出机构批准采取风险处置措施、银监会或其派出机构责令转让、涉及司法强制执行或者在同一投资人控制的不同主体之间转让股权等特殊情形除外。

第十八条 商业银行主要股东应当严格按照法律法规、监管规定和公司章程行使出资人权利，履行出资人义务，不得滥用股东权利干预或利用其影响力干预董事会、高级管理层根据公司章程享有的决策权和管理权，不得越过董事会和高级管理层直接干预或利用影响力干预商业银行经营管理，进行利益输送，或以其他方式损害存款人、商业银行以及其他股东的合法权益。

第十九条 商业银行主要股东应当根据监管规定书面承诺在必要时向商业银行补充资本，并通过商业银行每年向银监会或其派出机构报告资本补充能力。

第二十条 商业银行主要股东应当建立有效的风险隔离机

制,防止风险在股东、商业银行以及其他关联机构之间传染和转移。

第二十一条 商业银行主要股东应当对其与商业银行和其他关联机构之间董事会成员、监事会成员和高级管理人员的交叉任职进行有效管理,防范利益冲突。

第二十二条 商业银行股东应当遵守法律法规和银监会关于关联交易的相关规定,不得与商业银行进行不当的关联交易,不得利用其对商业银行经营管理的影响力获取不正当利益。

第二十三条 商业银行股东质押其持有的商业银行股权的,应当遵守法律法规和银监会关于商业银行股权质押的相关规定,不得损害其他股东和商业银行的利益。

第二十四条 商业银行发生重大风险事件或重大违法违规行为,被银监会或其派出机构采取风险处置或接管等措施的,股东应当积极配合银监会或其派出机构开展风险处置等工作。

第二十五条 金融产品可以持有上市商业银行股份,但单一投资人、发行人或管理人及其实际控制人、关联方、一致行动人控制的金融产品持有同一商业银行股份合计不得超过该商业银行股份总额的百分之五。

商业银行主要股东不得以发行、管理或通过其他手段控制的金融产品持有该商业银行股份。

第三章 商业银行职责

第二十六条 商业银行董事会应当勤勉尽责,并承担股权事务管理的最终责任。

商业银行董事长是处理商业银行股权事务的第一责任人。董事会秘书协助董事长工作,是处理股权事务的直接责任人。

董事长和董事会秘书应当忠实、诚信、勤勉地履行职责。履职未尽责的,依法承担法律责任。

第二十七条 商业银行应当建立和完善股权信息管理系统和股权管理制度，做好股权信息登记、关联交易管理和信息披露等工作。

商业银行应当加强与股东及投资者的沟通，并负责与股权事务相关的行政许可申请、股东信息和相关事项报告及资料报送等工作。

第二十八条 商业银行应当将关于股东管理的相关监管要求、股东的权利义务等写入公司章程，在公司章程中载明下列内容：

（一）股东应当遵守法律法规和监管规定；

（二）主要股东应当在必要时向商业银行补充资本；

（三）应经但未经监管部门批准或未向监管部门报告的股东，不得行使股东大会召开请求权、表决权、提名权、提案权、处分权等权利；

（四）对于存在虚假陈述、滥用股东权利或其他损害商业银行利益行为的股东，银监会或其派出机构可以限制或禁止商业银行与其开展关联交易，限制其持有商业银行股权的限额、股权质押比例等，并可限制其股东大会召开请求权、表决权、提名权、提案权、处分权等权利。

第二十九条 商业银行应当加强对股东资质的审查，对主要股东及其控股股东、实际控制人、关联方、一致行动人、最终受益人信息进行核实并掌握其变动情况，就股东对商业银行经营管理的影响进行判断，依法及时、准确、完整地报告或披露相关信息。

第三十条 商业银行董事会应当至少每年对主要股东资质情况、履行承诺事项情况、落实公司章程或协议条款情况以及遵守法律法规、监管规定情况进行评估，并及时将评估报告报送银监会或其派出机构。

第三十一条 商业银行应当建立股权托管制度，将股权在符合要求的托管机构进行集中托管。托管的具体要求由银监会另行规定。

第三十二条 商业银行应当加强关联交易管理,准确识别关联方,严格落实关联交易审批制度和信息披露制度,及时向银监会或其派出机构报告关联交易情况。

商业银行应当按照穿透原则将主要股东及其控股股东、实际控制人、关联方、一致行动人、最终受益人作为自身的关联方进行管理。

第三十三条 商业银行对主要股东或其控股股东、实际控制人、关联方、一致行动人、最终受益人等单个主体的授信余额不得超过商业银行资本净额的百分之十。商业银行对单个主要股东及其控股股东、实际控制人、关联方、一致行动人、最终受益人的合计授信余额不得超过商业银行资本净额的百分之十五。

前款中的授信,包括贷款(含贸易融资)、票据承兑和贴现、透支、债券投资、特定目的载体投资、开立信用证、保理、担保、贷款承诺,以及其他实质上由商业银行或商业银行发行的理财产品承担信用风险的业务。其中,商业银行应当按照穿透原则确认最终债务人。

商业银行的主要股东或其控股股东、实际控制人、关联方、一致行动人、最终受益人等为金融机构的,商业银行与其开展同业业务时,应当遵守法律法规和相关监管部门关于同业业务的相关规定。

第三十四条 商业银行与主要股东或其控股股东、实际控制人、关联方、一致行动人、最终受益人发生自用动产与不动产买卖或租赁;信贷资产买卖;抵债资产的接收和处置;信用增值、信用评估、资产评估、法律、信息、技术和基础设施等服务交易;委托或受托销售以及其他交易的,应当遵守法律法规和银监会有关规定,并按照商业原则进行,不应优于对非关联方同类交易条件,防止风险传染和利益输送。

第三十五条 商业银行应当加强对股权质押和解押的管理,

在股东名册上记载质押相关信息,并及时协助股东向有关机构办理出质登记。

第四章　信息披露

第三十六条　商业银行主要股东应当及时、准确、完整地向商业银行报告以下信息:

(一)自身经营状况、财务信息、股权结构;

(二)入股商业银行的资金来源;

(三)控股股东、实际控制人、关联方、一致行动人、最终受益人及其变动情况;

(四)所持商业银行股权被采取诉讼保全措施或者被强制执行;

(五)所持商业银行股权被质押或者解押;

(六)名称变更;

(七)合并、分立;

(八)被采取责令停业整顿、指定托管、接管或撤销等监管措施,或者进入解散、破产、清算程序;

(九)其他可能影响股东资质条件变化或导致所持商业银行股权发生变化的情况。

第三十七条　商业银行应当通过半年报或年报在官方网站等渠道真实、准确、完整地披露商业银行股权信息,披露内容包括:

(一)报告期末股票、股东总数及报告期间股票变动情况;

(二)报告期末公司前十大股东持股情况;

(三)报告期末主要股东及其控股股东、实际控制人、关联方、一致行动人、最终受益人情况;

(四)报告期内与主要股东及其控股股东、实际控制人、关联方、一致行动人、最终受益人关联交易情况;

(五)主要股东出质银行股权情况;

（六）股东提名董事、监事情况；

（七）银监会规定的其他信息。

第三十八条 主要股东相关信息可能影响股东资质条件发生重大变化或导致所持商业银行股权发生重大变化的，商业银行应及时进行信息披露。

第三十九条 对于应当报请银监会或其派出机构批准但尚未获得批准的股权事项，商业银行在信息披露时应当作出说明。

第五章 监督管理

第四十条 银监会及其派出机构应当加强对商业银行股东的穿透监管，加强对主要股东及其控股股东、实际控制人、关联方、一致行动人及最终受益人的审查、识别和认定。商业银行主要股东及其控股股东、实际控制人、关联方、一致行动人及最终受益人，以银监会或其派出机构认定为准。

银监会及其派出机构有权采取下列措施，了解商业银行股东及其控股股东、实际控制人、关联方、一致行动人及最终受益人信息：

（一）要求股东逐层披露其股东、实际控制人、关联方、一致行动人及最终受益人；

（二）要求股东报送资产负债表、利润表和其他财务会计报告和统计报表、公司发展战略和经营管理材料以及注册会计师出具的审计报告；

（三）要求股东及相关人员对有关事项作出解释说明；

（四）询问股东及相关人员；

（五）实地走访或调查股东经营情况；

（六）银监会及其派出机构认为可以采取的其他监管措施。

对与涉嫌违法事项有关的商业银行股东及其控股股东、实际控制人、关联方、一致行动人及最终受益人，银监会及其派出机构有权依法查阅、复制有关财务会计、财产权登记等文件、资料；对可能被转移、隐匿、毁损或者伪造的文件、资料，予以先行登记保存。

第四十一条 银监会及其派出机构有权要求商业银行在公司章程中载明股东权利和义务，以及股东应当遵守和执行监管规定和监管要求的内容；有权要求商业银行或股东就其提供的有关资质条件、关联关系或入股资金等信息的真实性作出声明，并承诺承担因提供虚假信息或不实声明造成的后果。

第四十二条 银监会及其派出机构有权评估商业银行主要股东及其控股股东、实际控制人、关联方、一致行动人、最终受益人的经营活动，以判断其对商业银行和银行集团安全稳健运行的影响。

第四十三条 银监会及其派出机构有权根据商业银行与股东关联交易的风险状况，要求商业银行降低对一个或一个以上直至全部股东及其控股股东、实际控制人、关联方、一致行动人、最终受益人授信余额占其资本净额的比例，限制或禁止商业银行与一个或一个以上直至全部股东及其控股股东、实际控制人、关联方、一致行动人、最终受益人开展交易。

第四十四条 银监会及其派出机构根据审慎监管的需要，有权限制同一股东及其关联方、一致行动人入股商业银行的数量、持有商业银行股权的限额、股权质押比例等。

第四十五条 银监会及其派出机构应当建立股东动态监测机制，至少每年对商业银行主要股东的资质条件、执行公司章程情况和承诺情况、行使股东权利和义务、落实法律法规和监管规定情况进行评估。

银监会及其派出机构应当将评估工作纳入日常监管，并视情形采取限期整改等监管措施。

第四十六条 商业银行主要股东为金融机构的，银监会及其派出机构应当与该金融机构的监管机构建立有效的信息交流和共享机制。

第四十七条 商业银行在股权管理过程中存在下列情形之一的，银监会或其派出机构应当责令限期改正；逾期未改正，或者其行为严重危及该商业银行的稳健运行、损害存款人和其他客户合法权益的，经银监会或其省一级派出机构负责人批准，可以区别情形，按照《中华人民共和国银行业监督管理法》第三十七条规定，采取相应的监管措施：

（一）未按要求及时申请审批或报告的；

（二）提供虚假的或者隐瞒重要事实的报表、报告等文件、资料的；

（三）未按规定制定公司章程，明确股东权利义务的；

（四）未按规定进行股权托管的；

（五）未按规定进行信息披露的；

（六）未按规定开展关联交易的；

（七）未按规定进行股权质押管理的；

（八）拒绝或阻碍监管部门进行调查核实的；

（九）其他违反股权管理相关要求的。

第四十八条　商业银行股东或其控股股东、实际控制人、关联方、一致行动人、最终受益人等存在下列情形，造成商业银行违反审慎经营规则的，银监会或其派出机构根据《中华人民共和国银行业监督管理法》第三十七条规定，可以责令商业银行控股股东转让股权；限制商业银行股东参与经营管理的相关权利，包括股东大会召开请求权、表决权、提名权、提案权、处分权等：

（一）虚假出资、出资不实、抽逃出资或者变相抽逃出资的；

（二）违规使用委托资金、债务资金或其他非自有资金投资入股的；

（三）违规进行股权代持的；

（四）未按规定进行报告的；

（五）拒绝向商业银行、银监会或其派出机构提供文件材料或提供虚假文件材料、隐瞒重要信息以及迟延提供相关文件材料的；

（六）违反承诺或公司章程的；

（七）主要股东或其控股股东、实际控制人不符合本办法规定的监管要求的；

(八)违规开展关联交易的;

(九)违规进行股权质押的;

(十)拒绝或阻碍银监会或其派出机构进行调查核实的;

(十一)不配合银监会或其派出机构开展风险处置的;

(十二)其他滥用股东权利或不履行股东义务,损害商业银行、存款人或其他股东利益的。

第四十九条 商业银行未遵守本办法规定进行股权管理的,银监会或其派出机构可以调整该商业银行公司治理评价结果或监管评级。

商业银行董事会成员在履职过程中未就股权管理方面的违法违规行为提出异议的,最近一次履职评价不得评为称职。

第五十条 银监会及其派出机构建立商业银行股权管理和股东行为不良记录数据库,通过全国信用信息共享平台与相关部门或政府机构共享信息。

对于存在违法违规行为且拒不改正的股东,银监会及其派出机构可以单独或会同相关部门和单位予以联合惩戒,可通报、公开谴责、禁止其一定期限直至终身入股商业银行。

第六章 法律责任

第五十一条 商业银行未按要求对股东及其控股股东、实际控制人、关联方、一致行动人、最终受益人信息进行审查、审核或披露的,由银监会或其派出机构按照《中华人民共和国银行业监督管理法》第四十六条、第四十八条的规定,责令改正,并处二十万元以上五十万元以下罚款;对负有责任的董事长、董事会秘书和其他相关责任人员给予警告,处五万元以上五十万元以下罚款。

第五十二条 商业银行存在本办法第四十七条规定的情形之一,情节较为严重的,由银监会或其派出机构按照《中华人民共和国银行业监督管理法》第四十六条、第四十七条、第四十八条规定,处二十万元以上五十万元以下罚款；情节特别严重或者逾期不改正的，可以责令停业整顿或者吊销其经营许可证。对负有责任的董事长、董事会秘书和其他相关责任人员给予警告，处五万元以上五十万元以下罚款，情节严重的，取消其董事和高管任职资格。

第五十三条 投资人未经批准持有商业银行资本总额或股份总额百分之五以上的，由银监会或其派出机构按照《中华人民共和国商业银行法》第七十九条规定，责令改正，有违法所得的，没收违法所得，违法所得五万元以上的，并处违法所得一倍以上五倍以下罚款；没有违法所得或违法所得不足五万元的，处五万元以上五十万元以下罚款。

第五十四条 商业银行股东或其控股股东、实际控制人、关联方、一致行动人、最终受益人等以隐瞒、欺骗等不正当手段获得批准持有商业银行资本总额或股份总额百分之五以上的，由银监会或其派出机构按照《中华人民共和国行政许可法》的规定，对相关行政许可予以撤销。

第七章 附 则

第五十五条 本办法所称"以上"均含本数，"以下""不足"不含本数。

第五十六条 本办法中下列用语的含义：

（一）控股股东，是指根据《中华人民共和国公司法》第二百一十六条规定，其出资额占有限责任公司资本总额百分之五十以上或者其持有的股份占股份有限公司股本总额百分之五十以上的股东；出资额或者持有股份的比例虽然不足百分之五十，但依其出资额或者持有的股份所享有的表决权已足以对股东会、股东大会的决议产生重大影响的股东。

（二）实际控制人，是指根据《中华人民共和国公司法》第二百一十六条规定，虽不是公司的股东，但通过投资关系、协议或者其他安排，能够实际支配公司行为的人。

（三）关联方，是指根据《企业会计准则第36号关联方披露》规定，一方控制、共同控制另一方或对另一方施加重大影响，以及两方或两方以上同受一方控制、共同控制或重大影响的。但国家控制的企业之间不仅因为同受国家控股而具有关联关系。

（四）一致行动，是指投资者通过协议、其他安排，与其他投资者共同扩大其所能够支配的一个公司股份表决权数量的行为或者事实。达成一致行动的相关投资者，为一致行动人。

（五）最终受益人，是指实际享有商业银行股权收益的人。

第五十七条 在中华人民共和国境内依法设立的农村合作银行、农村信用社、贷款公司、农村资金互助社、金融资产管理公司、信托公司、企业集团财务公司、金融租赁公司、汽车金融公司、货币经纪公司、消费金融公司以及经银监会批准设立的其他金融机构，参照适用本办法，银监会另有规定的从其规定。

第五十八条 本办法由银监会负责解释。

第五十九条 本办法自公布之日起施行。本办法施行前，银监会有关商业银行股权管理的规定与本办法不一致的，按照本办法执行。

煤矿安全培训规定

（2018年1月11日国家安全生产监督管理总局令第92号公布　自2018年3月1日起施行　国法备字[2018000405]）

第一章　总　　则

第一条 为了加强和规范煤矿安全培训工作，提高从业人员安全素质，防止和减少伤亡事故，根据《中华人民共和国安全生产法》《中华人民共和国职业病防治法》等有关法律法规，制定本规定。

第二条 煤矿企业从业人员安全培训、考核、发证及监督管理工作适用本规定。

本规定所称煤矿企业，是指在依法批准的矿区范围内从事煤炭资源开采活动的企业，包括集团公司、上市公司、总公司、矿务局、煤矿。

本规定所称煤矿企业从业人员，是指煤矿企业主要负责人、安全生产管理人员、特种作业人员和其他从业人员。

第三条 国家煤矿安全监察局负责指导和监督管理全国煤矿企业从业人员安全培训工作。

省、自治区、直辖市人民政府负责煤矿安全培训的主管部门（以下简称省级煤矿安全培训主管部门）负责指导和监督管理本行政区域内煤矿企业从业人员安全培训工作。

省级及以下煤矿安全监察机构对辖区内煤矿企业从业人员安全培训工作依法实施监察。

第四条 煤矿企业是安全培训的责任主体，应当依法对从业人员进行安全生产教育和培训，提高从业人员的安全生产意识和能力。

煤矿企业主要负责人对本企业从业人员安全培训工作全面负责。

第五条 国家鼓励煤矿企业变招工为招生。煤矿企业新招井下从业人员，应当优先录用大中专学校、职业高中、技工学校煤矿相关专业的毕业生。

第二章　安全培训的组织与管理

第六条 煤矿企业应当建立完善安全培训管理制度，制定年度安全培训计划，明确负责安全培训工作的机构，配备专职或者兼职安全培训管理人员，按照国家规定的比例提取教育培训经费。其中，用于安全培训的资金不得低于教育培训经费总额的百分之四十。

第七条 对从业人员的安全技术培训，具备《安全培训机构基本条件》（AQ/T 8011）规定的安全培训条件的煤矿企业应当以自主培训为主，也可以委托具备安全培训条件的机构进行安全培训。

不具备安全培训条件的煤矿企业应当委托具备安全培训条件的机构进行安全培训。

从事煤矿安全培训的机构，应当将教师、教学和实习与实训设施等情况书面报告所在地省级煤矿安全培训主管部门。

第八条 煤矿企业应当建立健全从业人员安全培训档案，实行一人一档。煤矿企业从业人员安全培训档案的内容包括：

（一）学员登记表，包括学员的文化程度、职务、职称、工作经历、技能等级晋升等情况；

（二）身份证复印件、学历证书复印件；

（三）历次接受安全培训、考核的情况；

（四）安全生产违规违章行为记录，以及被追究责任，受到处分、处理的情况；

（五）其他有关情况。

煤矿企业从业人员安全培训档案应当按照《企业文件材料归档范围和档案保管期限规定》（国家档案局令第10号）保存。

第九条 煤矿企业除建立从业人员安全培训档案外，还应当建立企业安全培训档案，实行一期一档。煤矿企业安全培训档案的内容包括：

（一）培训计划；

（二）培训时间、地点；

（三）培训课时及授课教师；

（四）课程讲义；

（五）学员名册、考勤、考核情况；

（六）综合考评报告等；

（七）其他有关情况。

对煤矿企业主要负责人和安全生产管理人员的煤矿企业安全培训档案应当保存三年以上，对特种作业人员的煤矿企业安全培训档案应当保存六年以上，其他从业人员的煤矿企业安全培训档案应当保存三年以上。

第三章　主要负责人和安全生产管理人员的安全培训及考核

第十条　本规定所称煤矿企业主要负责人，是指煤矿企业的董事长、总经理，矿务局局长，煤矿矿长等人员。

本规定所称煤矿企业安全生产管理人员，是指煤矿企业分管安全、采煤、掘进、通风、机电、运输、地测、防治水、调度等工作的副董事长、副总经理、副局长、副矿长，总工程师、副总工程师和技术负责人，安全生产管理机构负责人及其管理人员，采煤、掘进、通风、机电、运输、地测、防治水、调度等职能部门（含煤矿井、区、科、队）负责人。

第十一条　煤矿矿长、副矿长、总工程师、副总工程师应当具备煤矿相关专业大专及以上学历，具有三年以上煤矿相关工作经历。

煤矿安全生产管理机构负责人应当具备煤矿相关专业中专及以上学历，具有二年以上煤矿安全生产相关工作经历。

第十二条　煤矿企业应当每年组织主要负责人和安全生产管理人员进行新法律法规、新标准、新规程、新技术、新工艺、新设备和新材料等方面的安全培训。

第十三条　国家煤矿安全监察局组织制定煤矿企业主要负责人和安全生产管理人员安全生产知识和管理能力考核的标准，建立国家级考试题库。

省级煤矿安全培训主管部门应当根据前款规定的考核标准，建立省级考试题库，并报国家煤矿安全监察局备案。

第十四条 煤矿企业主要负责人考试应当包括下列内容：

（一）国家安全生产方针、政策和有关安全生产的法律、法规、规章及标准；

（二）安全生产管理、安全生产技术和职业健康基本知识；

（三）重大危险源管理、重大事故防范、应急管理和事故调查处理的有关规定；

（四）国内外先进的安全生产管理经验；

（五）典型事故和应急救援案例分析；

（六）其他需要考试的内容。

第十五条 煤矿企业安全生产管理人员考试应当包括下列内容：

（一）国家安全生产方针、政策和有关安全生产的法律、法规、规章及标准；

（二）安全生产管理、安全生产技术、职业健康等知识；

（三）伤亡事故报告、统计及职业危害的调查处理方法；

（四）应急管理的内容及其要求；

（五）国内外先进的安全生产管理经验；

（六）典型事故和应急救援案例分析；

（七）其他需要考试的内容。

第十六条 国家煤矿安全监察局负责中央管理的煤矿企业总部（含所属在京一级子公司）主要负责人和安全生产管理人员考核工作。

省级煤矿安全培训主管部门负责本行政区域内前款以外的煤矿企业主要负责人和安全生产管理人员考核工作。

国家煤矿安全监察局和省级煤矿安全培训主管部门（以下统称考核部门）应当定期组织考核，并提前公布考核时间。

第十七条 煤矿企业主要负责人和安全生产管理人员应当自

任职之日起六个月内通过考核部门组织的安全生产知识和管理能力考核,并持续保持相应水平和能力。

煤矿企业主要负责人和安全生产管理人员应当自任职之日起三十日内,按照本规定第十六条的规定向考核部门提出考核申请,并提交其任职文件、学历、工作经历等相关材料。

考核部门接到煤矿企业主要负责人和安全生产管理人员申请及其材料后,经审核符合条件的,应当及时组织相应的考试;发现申请人不符合本规定第十一条规定的,不得对申请人进行安全生产知识和管理能力考试,并书面告知申请人及其所在煤矿企业或其任免机关调整其工作岗位。

第十八条 煤矿企业主要负责人和安全生产管理人员的考试应当在规定的考点采用计算机方式进行。考试试题从国家级考试题库和省级考试题库随机抽取,其中抽取国家级考试题库试题比例占百分之八十以上。考试满分为一百分,八十分以上为合格。

考核部门应当自考试结束之日起五个工作日内公布考试成绩。

第十九条 煤矿企业主要负责人和安全生产管理人员考试合格后,考核部门应当在公布考试成绩之日起十个工作日内颁发安全生产知识和管理能力考核合格证明(以下简称考核合格证明)。考核合格证明在全国范围内有效。

煤矿企业主要负责人和安全生产管理人员考试不合格的,可以补考一次;经补考仍不合格的,一年内不得再次申请考核。考核部门应当告知其所在煤矿企业或其任免机关调整其工作岗位。

第二十条 考核部门对煤矿企业主要负责人和安全生产管理人员的安全生产知识和管理能力每三年考核一次。

第四章 特种作业人员的安全培训和考核发证

第二十一条 煤矿特种作业人员及其工种由国家安全生产监

督管理总局会同国家煤矿安全监察局确定，并适时调整；其他任何单位或者个人不得擅自变更其范围。

第二十二条 煤矿特种作业人员应当具备初中及以上文化程度（自2018年6月1日起新上岗的煤矿特种作业人员应当具备高中及以上文化程度），具有煤矿相关工作经历，或者职业高中、技工学校及中专以上相关专业学历。

第二十三条 国家煤矿安全监察局组织制定煤矿特种作业人员培训大纲和考核标准，建立统一的考试题库。

省级煤矿安全培训主管部门负责本行政区域内煤矿特种作业人员的考核、发证工作，也可以委托设区的市级人民政府煤矿安全培训主管部门实施煤矿特种作业人员的考核、发证工作。

省级煤矿安全培训主管部门及其委托的设区的市级人民政府煤矿安全培训主管部门以下统称考核发证部门。

第二十四条 煤矿特种作业人员必须经专门的安全技术培训和考核合格，由省级煤矿安全培训主管部门颁发《中华人民共和国特种作业操作证》（以下简称特种作业操作证）后，方可上岗作业。

第二十五条 煤矿特种作业人员在参加资格考试前应当按照规定的培训大纲进行安全生产知识和实际操作能力的专门培训。其中，初次培训的时间不得少于九十学时。

已经取得职业高中、技工学校及中专以上学历的毕业生从事与其所学专业相应的特种作业，持学历证明经考核发证部门审核属实的，免予初次培训，直接参加资格考试。

第二十六条 参加煤矿特种作业操作资格考试的人员，应当填写考试申请表，由本人或其所在煤矿企业持身份证复印件、学历证书复印件或者培训机构出具的培训合格证明向其工作地或者户籍所在地考核发证部门提出申请。考核发证部门收到申请及其有关材料后，应当在六十日内组织考试。对不符合考试条件的，应当书面告知申请人或其所在煤矿企业。

第二十七条 煤矿特种作业操作资格考试包括安全生产知识

考试和实际操作能力考试。安全生产知识考试合格后，进行实际操作能力考试。

煤矿特种作业操作资格考试应当在规定的考点进行，安全生产知识考试应当使用统一的考试题库，使用计算机考试，实际操作能力考试采用国家统一考试标准进行考试。考试满分均为一百分，八十分以上为合格。

考核发证部门应当在考试结束后十个工作日内公布考试成绩。

申请人考试合格的，考核发证部门应当自考试合格之日起二十个工作日内完成发证工作。

申请人考试不合格的，可以补考一次；经补考仍不合格的，重新参加相应的安全技术培训。

第二十八条 特种作业操作证有效期六年，全国范围内有效。

特种作业操作证由国家安全生产监督管理总局统一式样、标准和编号。

第二十九条 特种作业操作证有效期届满需要延期换证的，持证人应当在有效期届满六十日前参加不少于二十四学时的专门培训，持培训合格证明由本人或其所在企业向当地考核发证部门或者原考核发证部门提出考试申请。经安全生产知识和实际操作能力考试合格的，考核发证部门应当在二十个工作日内予以换发新的特种作业操作证。

第三十条 离开特种作业岗位六个月以上、但特种作业操作证仍在有效期内的特种作业人员，需要重新从事原特种作业的，应当重新进行实际操作能力考试，经考试合格后方可上岗作业。

第三十一条 特种作业操作证遗失或者损毁的，应当及时向原考核发证部门提出书面申请，由原考核发证部门补发。

特种作业操作证所记载的信息发生变化的，应当向原考核发证部门提出书面申请，经原考核发证部门审查确认后，予以更新。

第五章　其他从业人员的安全培训和考核

第三十二条　煤矿其他从业人员应当具备初中及以上文化程度。

本规定所称煤矿其他从业人员，是指除煤矿主要负责人、安全生产管理人员和特种作业人员以外，从事生产经营活动的其他从业人员，包括煤矿其他负责人、其他管理人员、技术人员和各岗位的工人、使用的被派遣劳动者和临时聘用人员。

第三十三条　煤矿企业应当对其他从业人员进行安全培训，保证其具备必要的安全生产知识、技能和事故应急处理能力，知悉自身在安全生产方面的权利和义务。

第三十四条　省级煤矿安全培训主管部门负责制定煤矿企业其他从业人员安全培训大纲和考核标准。

第三十五条　煤矿企业或者具备安全培训条件的机构应当按照培训大纲对其他从业人员进行安全培训。其中，对从事采煤、掘进、机电、运输、通风、防治水等工作的班组长的安全培训，应当由其所在煤矿的上一级煤矿企业组织实施；没有上一级煤矿企业的，由本单位组织实施。

煤矿企业其他从业人员的初次安全培训时间不得少于七十二学时，每年再培训的时间不得少于二十学时。

煤矿企业或者具备安全培训条件的机构对其他从业人员安全培训合格后，应当颁发安全培训合格证明；未经培训并取得培训合格证明的，不得上岗作业。

第三十六条　煤矿企业新上岗的井下作业人员安全培训合格后，应当在有经验的工人师傅带领下，实习满四个月，并取得工人师傅签名的实习合格证明后，方可独立工作。

工人师傅一般应当具备中级工以上技能等级、三年以上相应工作经历和没有发生过违章指挥、违章作业、违反劳动纪律等条件。

第三十七条 企业井下作业人员调整工作岗位或者离开本岗位一年以上重新上岗前，以及煤矿企业采用新工艺、新技术、新材料或者使用新设备的，应当对其进行相应的安全培训，经培训合格后，方可上岗作业。

第六章 监督管理

第三十八条 省级煤矿安全培训主管部门应当将煤矿企业主要负责人、安全生产管理人员考核合格证明、特种作业人员特种作业操作证的发放、注销等情况在本部门网站上公布，接受社会监督。

第三十九条 煤矿安全培训主管部门和煤矿安全监察机构应当对煤矿企业安全培训的下列情况进行监督检查，发现违法行为的，依法给予行政处罚：

（一）建立安全培训管理制度，制定年度培训计划，明确负责安全培训管理工作的机构，配备专职或者兼职安全培训管理人员的情况；

（二）按照本规定投入和使用安全培训资金的情况；

（三）实行自主培训的煤矿企业的安全培训条件；

（四）煤矿企业及其从业人员安全培训档案的情况；

（五）主要负责人、安全生产管理人员考核的情况；

（六）特种作业人员持证上岗的情况；

（七）应用新工艺、新技术、新材料、新设备以及离岗、转岗时对从业人员安全培训的情况；

（八）其他从业人员安全培训的情况。

第四十条 考核部门应当建立煤矿企业安全培训随机抽查制度，制定现场抽考办法，加强对煤矿安全培训的监督检查。

考核部门对煤矿企业主要负责人和安全生产管理人员现场抽考不合格的，应当责令其重新参加安全生产知识和管理能力考核；

经考核仍不合格的,考核部门应当书面告知其所在煤矿企业或其任免机关调整其工作岗位。

第四十一条 省级及以下煤矿安全监察机构应当按照年度监察执法计划,采用现场抽考等多种方式对煤矿企业安全培训情况实施严格监察;对监察中发现的突出问题和共性问题,应当向本级人民政府煤矿安全培训主管部门或者下级人民政府提出有关安全培训工作的监察建议函。

第四十二条 省级煤矿安全培训主管部门发现下列情形之一的,应当撤销特种作业操作证:

(一)特种作业人员对发生生产安全事故负有直接责任的;

(二)特种作业操作证记载信息虚假的。

特种作业人员违反上述规定被撤销特种作业操作证的,三年内不得再次申请特种作业操作证。

第四十三条 煤矿企业从业人员在劳动合同期满变更工作单位或者依法解除劳动合同的,原工作单位不得以任何理由扣押其考核合格证明或者特种作业操作证。

第四十四条 省级煤矿安全培训主管部门应当将煤矿企业主要负责人、安全生产管理人员和特种作业人员的考核情况,及时抄送省级煤矿安全监察局。

煤矿安全监察机构应当将煤矿企业主要负责人、安全生产管理人员和特种作业人员的行政处罚决定及时抄送同级煤矿安全培训主管部门。

第四十五条 煤矿安全培训主管部门应当建立煤矿安全培训举报制度,公布举报电话、电子信箱,依法受理并调查处理有关举报,并将查处结果书面反馈给实名举报人。

第七章 法律责任

第四十六条 煤矿安全培训主管部门的工作人员在煤矿安全

考核工作中滥用职权、玩忽职守、徇私舞弊的，依照有关规定给予处分；构成犯罪的，依法追究刑事责任。

第四十七条 煤矿企业有下列行为之一的，由煤矿安全培训主管部门或者煤矿安全监察机构责令其限期改正，可以处五万元以下的罚款；逾期未改正的，责令停产停业整顿，并处五万元以上十万元以下的罚款，对其直接负责的主管人员和其他直接责任人员处一万元以上二万元以下的罚款：

（一）主要负责人和安全生产管理人员未按照规定经考核合格的；

（二）未按照规定对从业人员进行安全生产培训的；

（三）未如实记录安全生产培训情况的；

（四）特种作业人员未经专门的安全培训并取得相应资格，上岗作业的。

第四十八条 煤矿安全培训主管部门或者煤矿安全监察机构发现煤矿企业有下列行为之一的，责令其限期改正，可以处一万元以上三万元以下的罚款：

（一）未建立安全培训管理制度或者未制定年度安全培训计划的；

（二）未明确负责安全培训工作的机构，或者未配备专兼职安全培训管理人员的；

（三）用于安全培训的资金不符合本规定的；

（四）未按照统一的培训大纲组织培训的；

（五）不具备安全培训条件进行自主培训，或者委托不具备安全培训条件机构进行培训的。

具备安全培训条件的机构未按照规定的培训大纲进行安全培训，或者未经安全培训并考试合格颁发有关培训合格证明的，依照前款规定给予行政处罚。

第八章　附　　则

第四十九条　煤矿企业主要负责人和安全生产管理人员考核不得收费，所需经费由煤矿安全培训主管部门列入同级财政年度预算。

煤矿特种作业人员培训、考试经费可以列入同级财政年度预算，也可由省级煤矿安全培训主管部门制定收费标准，报同级人民政府物价部门、财政部门批准后执行。证书工本费由考核发证机关列入同级财政年度预算。

第五十条　本规定自2018年3月1日起施行。国家安全生产监督管理总局2012年5月28日公布、2013年8月29日修正的《煤矿安全培训规定》（国家安全生产监督管理总局令第52号）同时废止。

审计署关于内部审计工作的规定

（2018年1月12日中华人民共和国审计署令第11号公布　自2018年3月1日起施行　国法备字[2018000387]）

第一章　总　　则

第一条　为了加强内部审计工作，建立健全内部审计制度，提升内部审计工作质量，充分发挥内部审计作用，根据《中华人民共和国审计法》《中华人民共和国审计法实施条例》以及国家其他有关规定，制定本规定。

第二条　依法属于审计机关审计监督对象的单位（以下统称单位）的内部审计工作，以及审计机关对单位内部审计工作的业务指导和监督，适用本规定。

第三条 本规定所称内部审计，是指对本单位及所属单位财政财务收支、经济活动、内部控制、风险管理实施独立、客观的监督、评价和建议，以促进单位完善治理、实现目标的活动。

第四条 单位应当依照有关法律法规、本规定和内部审计职业规范，结合本单位实际情况，建立健全内部审计制度，明确内部审计工作的领导体制、职责权限、人员配备、经费保障、审计结果运用和责任追究等。

第五条 内部审计机构和内部审计人员从事内部审计工作，应当严格遵守有关法律法规、本规定和内部审计职业规范，忠于职守，做到独立、客观、公正、保密。

内部审计机构和内部审计人员不得参与可能影响独立、客观履行审计职责的工作。

第二章 内部审计机构和人员管理

第六条 国家机关、事业单位、社会团体等单位的内部审计机构或者履行内部审计职责的内设机构，应当在本单位党组织、主要负责人的直接领导下开展内部审计工作，向其负责并报告工作。

国有企业内部审计机构或者履行内部审计职责的内设机构应当在企业党组织、董事会（或者主要负责人）直接领导下开展内部审计工作，向其负责并报告工作。国有企业应当按照有关规定建立总审计师制度。总审计师协助党组织、董事会（或者主要负责人）管理内部审计工作。

第七条 内部审计人员应当具备从事审计工作所需要的专业能力。单位应当严格内部审计人员录用标准，支持和保障内部审计机构通过多种途径开展继续教育，提高内部审计人员的职业胜任能力。

内部审计机构负责人应当具备审计、会计、经济、法律或者管理等工作背景。

第八条 内部审计机构应当根据工作需要，合理配备内部审计人员。除涉密事项外，可以根据内部审计工作需要向社会购买审计服务，并对采用的审计结果负责。

第九条 单位应当保障内部审计机构和内部审计人员依法依规独立履行职责，任何单位和个人不得打击报复。

第十条 内部审计机构履行内部审计职责所需经费，应当列入本单位预算。

第十一条 对忠于职守、坚持原则、认真履职、成绩显著的内部审计人员，由所在单位予以表彰。

第三章 内部审计职责权限和程序

第十二条 内部审计机构或者履行内部审计职责的内设机构应当按照国家有关规定和本单位的要求，履行下列职责：

（一）对本单位及所属单位贯彻落实国家重大政策措施情况进行审计；

（二）对本单位及所属单位发展规划、战略决策、重大措施以及年度业务计划执行情况进行审计；

（三）对本单位及所属单位财政财务收支进行审计；

（四）对本单位及所属单位固定资产投资项目进行审计；

（五）对本单位及所属单位的自然资源资产管理和生态环境保护责任的履行情况进行审计；

（六）对本单位及所属单位的境外机构、境外资产和境外经济活动进行审计；

（七）对本单位及所属单位经济管理和效益情况进行审计；

（八）对本单位及所属单位内部控制及风险管理情况进行审计；

（九）对本单位内部管理的领导人员履行经济责任情况进行审计；

（十）协助本单位主要负责人督促落实审计发现问题的整改工作；

（十一）对本单位所属单位的内部审计工作进行指导、监督和管理；

（十二）国家有关规定和本单位要求办理的其他事项。

第十三条 内部审计机构或者履行内部审计职责的内设机构应有下列权限：

（一）要求被审计单位按时报送发展规划、战略决策、重大措施、内部控制、风险管理、财政财务收支等有关资料（含相关电子数据，下同），以及必要的计算机技术文档；

（二）参加单位有关会议，召开与审计事项有关的会议；

（三）参与研究制定有关的规章制度，提出制定内部审计规章制度的建议；

（四）检查有关财政财务收支、经济活动、内部控制、风险管理的资料、文件和现场勘察实物；

（五）检查有关计算机系统及其电子数据和资料；

（六）就审计事项中的有关问题，向有关单位和个人开展调查和询问，取得相关证明材料；

（七）对正在进行的严重违法违规、严重损失浪费行为及时向单位主要负责人报告，经同意作出临时制止决定；

（八）对可能转移、隐匿、篡改、毁弃会计凭证、会计账簿、会计报表以及与经济活动有关的资料，经批准，有权予以暂时封存；

（九）提出纠正、处理违法违规行为的意见和改进管理、提高绩效的建议；

（十）对违法违规和造成损失浪费的被审计单位和人员，给予通报批评或者提出追究责任的建议；

（十一）对严格遵守财经法规、经济效益显著、贡献突出的被审计单位和个人，可以向单位党组织、董事会（或者主要负责人）提出表彰建议。

第十四条 单位党组织、董事会(或者主要负责人)应当定期听取内部审计工作汇报,加强对内部审计工作规划、年度审计计划、审计质量控制、问题整改和队伍建设等重要事项的管理。

第十五条 下属单位、分支机构较多或者实行系统垂直管理的单位,其内部审计机构应当对全系统的内部审计工作进行指导和监督。系统内各单位的内部审计结果和发现的重大违纪违法问题线索,在向本单位党组织、董事会(或者主要负责人)报告的同时,应当及时向上一级单位的内部审计机构报告。

单位应当将内部审计工作计划、工作总结、审计报告、整改情况以及审计中发现的重大违纪违法问题线索等资料报送同级审计机关备案。

第十六条 内部审计的实施程序,应当依照内部审计职业规范和本单位的相关规定执行。

第十七条 内部审计机构或者履行内部审计职责的内设机构,对本单位内部管理的领导人员实施经济责任审计时,可以参照执行国家有关经济责任审计的规定。

第四章 审计结果运用

第十八条 单位应当建立健全审计发现问题整改机制,明确被审计单位主要负责人为整改第一责任人。对审计发现的问题和提出的建议,被审计单位应当及时整改,并将整改结果书面告知内部审计机构。

第十九条 单位对内部审计发现的典型性、普遍性、倾向性问题,应当及时分析研究,制定和完善相关管理制度,建立健全内部控制措施。

第二十条 内部审计机构应当加强与内部纪检监察、巡视巡察、组织人事等其他内部监督力量的协作配合,建立信息共享、结果共用、重要事项共同实施、问题整改问责共同落实等工作机制。

内部审计结果及整改情况应当作为考核、任免、奖惩干部和相关决策的重要依据。

第二十一条 单位对内部审计发现的重大违纪违法问题线索,应当按照管辖权限依法依规及时移送纪检监察机关、司法机关。

第二十二条 审计机关在审计中,特别是在国家机关、事业单位和国有企业三级以下单位审计中,应当有效利用内部审计力量和成果。对内部审计发现且已经纠正的问题不再在审计报告中反映。

第五章 对内部审计工作的指导和监督

第二十三条 审计机关应当依法对内部审计工作进行业务指导和监督,明确内部职能机构和专职人员,并履行下列职责:

(一)起草有关内部审计工作的法规草案;

(二)制定有关内部审计工作的规章制度和规划;

(三)推动单位建立健全内部审计制度;

(四)指导内部审计统筹安排审计计划,突出审计重点;

(五)监督内部审计职责履行情况,检查内部审计业务质量;

(六)指导内部审计自律组织开展工作;

(七)法律、法规规定的其他职责。

第二十四条 审计机关可以通过业务培训、交流研讨等方式,加强对内部审计人员的业务指导。

第二十五条 审计机关应当对单位报送的备案资料进行分析,将其作为编制年度审计项目计划的参考依据。

第二十六条 审计机关可以采取日常监督、结合审计项目监督、专项检查等方式,对单位的内部审计制度建立健全情况、内部审计工作质量情况等进行指导和监督。

对内部审计制度建设和内部审计工作质量存在问题的,审计机关应当督促单位内部审计机构及时进行整改并书面报告整改情况；情节严重的，应当通报批评并视情况抄送有关主管部门。

第二十七条 审计机关应当按照国家有关规定对内部审计自律组织进行政策和业务指导，推动内部审计自律组织按照法律法规和章程开展活动。必要时，可以向内部审计自律组织购买服务。

第六章 责任追究

第二十八条 被审计单位有下列情形之一的，由单位党组织、董事会（或者主要负责人）责令改正，并对直接负责的主管人员和其他直接责任人员进行处理：

（一）拒绝接受或者不配合内部审计工作的；

（二）拒绝、拖延提供与内部审计事项有关的资料，或者提供资料不真实、不完整的；

（三）拒不纠正审计发现问题的；

（四）整改不力、屡审屡犯的；

（五）违反国家规定或者本单位内部规定的其他情形。

第二十九条 内部审计机构或者履行内部审计职责的内设机构和内部审计人员有下列情形之一的，由单位对直接负责的主管人员和其他直接责任人员进行处理；涉嫌犯罪的，移送司法机关依法追究刑事责任：

（一）未按有关法律法规、本规定和内部审计职业规范实施审计导致应当发现的问题未被发现并造成严重后果的；

（二）隐瞒审计查出的问题或者提供虚假审计报告的；

（三）泄露国家秘密或者商业秘密的；

（四）利用职权谋取私利的；

（五）违反国家规定或者本单位内部规定的其他情形。

第三十条 内部审计人员因履行职责受到打击、报复、陷害的，单位党组织、董事会（或者主要负责人）应当及时采取保护措施，并对相关责任人员进行处理；涉嫌犯罪的，移送司法机关依法追究刑事责任。

第七章　附　　则

第三十一条　本规定所称国有企业是指国有和国有资本占控股地位或者主导地位的企业、金融机构。

第三十二条　不属于审计机关审计监督对象的单位的内部审计工作，可以参照本规定执行。

第三十三条　本规定由审计署负责解释。

第三十四条　本规定自 2018 年 3 月 1 日起施行。审计署于 2003 年 3 月 4 日发布的《审计署关于内部审计工作的规定》（2003 年审计署第 4 号令）同时废止。

烟花爆竹生产经营安全规定

（2018 年 1 月 15 日国家安全生产监督管理总局令第 93 号公布　自 2018 年 3 月 1 日起施行　国法备字［2018000406］）

第一章　总　　则

第一条　为了加强烟花爆竹生产经营安全工作，预防和减少生产安全事故，根据《中华人民共和国安全生产法》和《烟花爆竹安全管理条例》等有关法律、行政法规，制定本规定。

第二条　烟花爆竹生产企业（以下简称生产企业）、烟花爆竹批发企业（以下简称批发企业）和烟花爆竹零售经营者（以下简称零售经营者）的安全生产及其监督管理，适用本规定。

生产企业、批发企业、零售经营者统称生产经营单位。

第三条 生产经营单位应当落实安全生产主体责任,其主要负责人(包括法定代表人、实际控制人,下同)是本单位安全生产工作的第一责任人,对本单位的安全生产工作全面负责。其他负责人在各自职责范围内对本单位安全生产工作负责。

第四条 县级以上地方人民政府安全生产监督管理部门按照属地监管、分类分级负责的原则,对本行政区域内生产经营单位安全生产工作实施监督管理。

地方各级人民政府安全生产监督管理部门在本级人民政府的统一领导下,按照职责分工,会同其他有关部门依法查处非法生产经营烟花爆竹行为。

第二章 生产经营单位的安全生产保障

第五条 生产经营单位应当具备有关法律、行政法规和国家标准或者行业标准规定的安全生产条件,并依法取得相应行政许可。

第六条 生产企业、批发企业应当建立健全全员安全生产责任制,建立健全安全生产工作责任体系,制定并落实符合法律、行政法规和国家标准或者行业标准的安全生产规章制度和操作规程。

第七条 生产企业、批发企业应当不断完善安全生产基础设施,持续保障和提升安全生产条件。

生产企业、批发企业的防雷设施应当经具有相应资质的机构设计、施工,确保符合相关国家标准或者行业标准的规定;防范静电危害的措施应当符合相关国家标准或者行业标准的规定。

生产企业、批发企业在工艺技术条件发生变化和扩大生产储存规模投入生产前,应当对企业的总体布局、工艺流程、危险性工(库)房、安全防护屏障、防火防雷防静电等基础设施进行安全评价。

新的国家标准、行业标准公布后，生产企业、批发企业应当对企业的总体布局、工艺流程、危险性工（库）房、安全防护屏障、防火防雷防静电等基础设施以及安全管理制度进行符合性检查，并依据新的国家标准、行业标准采取相应的改进、完善措施。

鼓励生产企业、批发企业制定并实施严于国家标准、行业标准的企业标准。

第八条 生产企业应当积极推进烟花爆竹生产工艺技术进步，采用本质安全、性能可靠、自动化程度高的机械设备和生产工艺，使用安全、环保的生产原材料。禁止使用国家明令禁止或者淘汰的生产工艺、机械设备及原材料。禁止从业人员自行携带工具、设备进入企业从事生产作业。

第九条 生产企业的涉药生产环节采用新工艺、使用新设备前，应当组织具有相应能力的机构、专家进行安全性能、安全技术要求论证。

第十条 生产企业、批发企业应当保证下列事项所需安全生产资金投入：

（一）安全设备设施维修维护；

（二）工（库）房按国家标准、行业标准规定的条件改造；

（三）重点部位和库房监控；

（四）安全风险管控与隐患排查治理；

（五）风险评估与安全评价；

（六）安全生产教育培训；

（七）劳动防护用品配备；

（八）应急救援器材和物资配备；

（九）应急救援训练及演练；

（十）投保安全生产责任保险等其他需要投入资金的安全生产事项。

第十一条 生产企业、批发企业的生产区、总仓库区、工（库）房及其他有较大危险因素的生产经营场所和有关设施设备上，应当设置明显的安全警示标志；所有工（库）房应当按照国家标准或者行业标准的规定设置准确、清晰、醒目的定员、定量、定级标识。

零售经营场所应当设置清晰、醒目的易燃易爆以及周边严禁烟火、严禁燃放烟花爆竹的安全标志。

第十二条 生产经营单位应当对本单位从业人员进行烟花爆竹安全知识、岗位操作技能等培训，未经安全生产教育和培训的从业人员，不得上岗作业。危险工序作业等特种作业人员应当依法取得相应资格，方可上岗作业。

生产经营单位的主要负责人和安全生产管理人员应当由安全生产监督管理部门对其进行安全生产知识和管理能力考核合格。考核不得收费。

第十三条 生产企业可以依法申请设立批发企业和零售经营场所。批发企业可以依法申请设立零售经营场所。

生产经营单位应当严格按照安全生产许可或者经营许可批准的范围，组织开展生产经营活动。禁止在许可证载明的场所外从事烟花爆竹生产、经营、储存活动，禁止许可证过期继续从事生产经营活动。禁止销售超标、违禁烟花爆竹产品或者非法烟花爆竹产品。

生产企业不得向其他企业销售烟花爆竹含药半成品，不得从其他企业购买烟花爆竹含药半成品加工后销售，不得购买其他企业烟花爆竹成品加贴本企业标签后销售。

批发企业不得向零售经营者或者个人销售专业燃放类烟花爆竹产品。

零售经营者不得在居民居住场所同一建筑物内经营、储存烟花爆竹。

第十四条 生产企业、批发企业应当在权责明晰的组织架构下统一组织开展生产经营活动。禁止分包、转包工（库）房、生产线、生产设备设施或者出租、出借、转让许可证。

第十五条 生产企业、批发企业应当依法建立安全风险分级管控和事故隐患排查治理双重预防机制，采取技术、管理等措施，管控安全风险，及时消除事故隐患，建立安全风险分级管控和事故隐患排查治理档案，如实记录安全风险分级管控和事故隐患排查治理情况，并向本企业从业人员通报。

第十六条 生产企业、批发企业必须建立值班制度和现场巡查制度，全面掌握当日各岗位人员数量及药物分布等安全生产情况，确保不超员超量，并及时处置异常情况。

生产企业、批发企业的危险品生产区、总仓库区，应当确保二十四小时有人值班，并保持监控设施有效、通信畅通。

第十七条 生产企业、批发企业应当建立从业人员、外来人员、车辆进出厂（库）区登记制度，对进出厂（库）区的从业人员、外来人员、车辆如实登记记录，随时掌握厂（库）区人员和车辆的情况。禁止无关人员和车辆进入厂（库）区。禁止未安装阻火装置等不符合国家标准或者行业标准规定安全条件的机动车辆进入生产区和仓库区。

第十八条 生产企业和经营黑火药、引火线的批发企业应当要求供货单位提供并查验购进的黑火药、引火线及化工原材料的质检报告或者产品合格证，确保其安全性能符合国家标准或者行业标准的规定；对总仓库和中转库的黑火药、引火线、烟火药及裸药效果件，应当建立并实施由专人管理、登记、分发的安全管理制度。

第十九条 生产企业、批发企业应当加强日常安全检查，采取安全监控、巡查检查等措施，及时发现、纠正违反安全操作规程和规章制度的行为。禁止工（库）房超员、超量作业，禁止擅自改变工（库）房设计用途，禁止作业人员随意串岗、换岗、离岗。

第二十条 生产企业、批发企业应当按照设计用途、危险等级、核定药量使用药物总库和成品总库，并按规定堆码，分类分级存放，保持仓库内通道畅通，准确记录药物和产品数量。

禁止在仓库内进行拆箱、包装作业。禁止将性质不相容的物质混存。禁止将高危险等级物品储存在危险等级低的仓库。禁止在烟花爆竹仓库储存不属于烟花爆竹的其他危险物品。

第二十一条 生产企业的中转库数量、核定存药量、药物储存时间,应当符合国家标准或者行业标准规定,确保药物、半成品、成品合理中转,保障生产流程顺畅。禁止在中转库内超量或者超时储存药物、半成品、成品。

第二十二条 生产企业、批发企业应当定期检查工(库)房、安全设施、电气线路、机械设备等的运行状况和作业环境,及时维护保养;对有药物粉尘的工房,应当按照操作规程及时清理冲洗。

对工(库)房、安全设施、电气线路、机械设备等进行检测、检修、维修、改造作业前,生产企业、批发企业应当制定安全作业方案,停止相关生产经营活动,转移烟花爆竹成品、半成品和原材料,清除残存药物和粉尘,切断被检测、检修、维修、改造的电气线路和机械设备电源,严格控制检修、维修作业人员数量,撤离无关的人员。

第二十三条 生产企业、批发企业在烟花爆竹购销活动中,应当依法签订规范的烟花爆竹买卖合同,建立烟花爆竹买卖合同和流向管理制度,使用全国统一的烟花爆竹流向管理信息系统,如实登记烟花爆竹流向。

生产企业应当在专业燃放类产品包装(包括运输包装和销售包装)及个人燃放类产品运输包装上张贴流向登记标签,并在产品入库和销售出库时登记录入。

批发企业购进烟花爆竹时,应当查验流向登记标签,并在产品入库和销售出库时登记录入。

第二十四条 生产企业、批发企业所生产、销售烟花爆竹的质量、包装、标志应当符合国家标准或者行业标准的规定。

第二十五条 在生产企业、批发企业内部及生产区、库区之间运输烟花爆竹成品、半成品及原材料时,应当使用符合国家标准或者行业标准规定安全条件的车辆、工具。企业内部运输应当严格按照规定路线、速度行驶。

生产企业、批发企业装卸烟花爆竹成品、半成品及原材料时，应当严格遵守作业规程。禁止碰撞、拖拉、抛摔、翻滚、摩擦、挤压等不安全行为。

第二十六条 生产企业、批发企业应当及时妥善处置生产经营过程中产生的各类危险性废弃物。不得留存过期的烟花爆竹成品、半成品、原材料及各类危险性废弃物。

第二十七条 批发企业应当向零售经营者及零售经营场所提供烟花爆竹配送服务。配送烟花爆竹抵达零售经营场所装卸作业时，应当轻拿轻放、妥善码放，禁止碰撞、拖拉、抛摔、翻滚、摩擦、挤压等不安全行为。

第二十八条 零售经营者应当向批发企业采购烟花爆竹并接受批发企业配送服务，不得到企业仓库自行提取烟花爆竹。

第三章 监督管理

第二十九条 地方各级安全生产监督管理部门应当加强对本行政区域内生产经营单位的监督检查，明确每个生产经营单位的安全生产监督管理主体，制定并落实年度监督检查计划，对生产经营单位的安全生产违法行为，依法实施行政处罚。

第三十条 安全生产监督管理部门可以根据需要，委托专业技术服务机构对生产经营单位的安全设施等进行检验检测，并承担检验检测费用，不得向企业收取。专业技术服务机构对其作出的检验检测结果负责。委托检验检测结果可以作为行政执法的依据。

生产经营单位不得拒绝、阻挠安全生产监督管理部门委托的专业技术服务机构开展检验检测工作。

第三十一条 安全生产监督管理部门应当为进入企业现场的监督检查人员配备必要的执法装备、检测检验设备及个人防护用品，确保执法检查人员人身安全。

第三十二条 安全生产监督管理部门监督检查中发现生产经营单位存在不属于本部门职责范围的违法行为的，应当及时移送有关部门处理。

第四章 法律责任

第三十三条 生产企业、批发企业有下列行为之一的，责令限期改正；逾期未改正的，处一万元以上三万元以下的罚款：

（一）工（库）房没有设置准确、清晰、醒目的定员、定量、定级标识的；

（二）未向零售经营者或者零售经营场所提供烟花爆竹配送服务的。

第三十四条 生产企业、批发企业有下列行为之一的，责令限期改正，可以处五万元以下的罚款；逾期未改正的，处五万元以上二十万元以下的罚款，对其直接负责的主管人员和其他直接责任人员处一万元以上二万元以下的罚款；情节严重的，责令停产停业整顿：

（一）防范静电危害的措施不符合相关国家标准或者行业标准规定的；

（二）使用新安全设备，未进行安全性论证的；

（三）在生产区、工（库）房等有药区域对安全设备进行检测、改造作业时，未将工（库）房内的药物、有药半成品、成品搬走并清理作业现场的。

第三十五条 生产企业、批发企业有下列行为之一的，责令限期改正，可以处十万元以下的罚款；逾期未改正的，责令停产停业整顿，并处十万元以上二十万元以下的罚款，对其直接负责的主管人员和其他直接责任人员处二万元以上五万元以下的罚款：

（一）未建立从业人员、外来人员、车辆出入厂（库）区登记制度的；

（二）未制定专人管理、登记、分发黑火药、引火线、烟火药及库存和中转效果件的安全管理制度的；

（三）未建立烟花爆竹买卖合同管理制度的；

（四）未按规定建立烟花爆竹流向管理制度的。

第三十六条 零售经营者有下列行为之一的，责令其限期改正，可以处一千元以上五千元以下的罚款；逾期未改正的，处五千元以上一万元以下的罚款：

（一）超越许可证载明限量储存烟花爆竹的；

（二）到批发企业仓库自行提取烟花爆竹的。

第三十七条 生产经营单位有下列行为之一的，责令改正；拒不改正的，处一万元以上三万元以下的罚款，对其直接负责的主管人员和其他直接责任人员处五千元以上一万元以下的罚款：

（一）对工（库）房、安全设施、电气线路、机械设备等进行检测、检修、维修、改造作业前，未制定安全作业方案，或者未切断被检修、维修的电气线路和机械设备电源的；

（二）拒绝、阻挠受安全生产监督管理部门委托的专业技术服务机构开展检验、检测的。

第三十八条 生产经营单位未采取措施消除下列事故隐患的，责令立即消除或者限期消除；生产经营单位拒不执行的，责令停产停业整顿，并处十万元以上五十万元以下的罚款，对其直接负责的主管人员和其他直接责任人员处二万元以上五万元以下的罚款：

（一）工（库）房超过核定人员、药量或者擅自改变设计用途使用工（库）房的；

（二）仓库内堆码、分类分级储存等违反国家标准或者行业标准规定的；

（三）在仓库内进行拆箱、包装作业，将性质不相容的物质混存的；

（四）在中转库、中转间内，超量、超时储存药物、半成品、成品的；

（五）留存过期及废弃的烟花爆竹成品、半成品、原材料等危险废弃物的；

（六）企业内部及生产区、库区之间运输烟花爆竹成品、半成品及原材料的车辆、工具不符合国家标准或者行业标准规定安全条件的；

（七）允许未安装阻火装置等不具备国家标准或者行业标准规定安全条件的机动车辆进入生产区和仓库区的；

（八）其他事故隐患。

第三十九条 违反本规定，构成《中华人民共和国安全生产法》及其他法律、行政法规规定的其他违法行为的，依照《中华人民共和国安全生产法》等法律、行政法规的规定处理。涉嫌犯罪的，依法移送司法机关追究刑事责任。

第五章 附 则

第四十条 本规定中的行政处罚，由县级以上安全生产监督管理部门决定。

第四十一条 本规定自2018年3月1日起施行。

港口工程建设管理规定

（2018年1月15日交通运输部令2018年第2号公布 自2018年3月1日起施行 国法备字［2018000400］）

第一章 总 则

第一条 为了加强港口工程建设管理，规范港口工程建设活动，保证港口工程质量，根据《港口法》《建设工程质量管理条例》

《建设工程勘察设计管理条例》《企业投资项目核准和备案管理条例》等法律、行政法规,制定本规定。

第二条 在中华人民共和国境内从事港口工程建设活动,适用本规定。

本规定所称港口工程建设,是指在港口规划范围内,为实现港口功能进行新建、改建和扩建的码头工程(含舾装码头工程)及其同时立项的配套设施、防波堤、锚地、护岸等工程建设。

第三条 交通运输部主管全国港口工程建设的行业管理工作。

省级交通运输主管部门负责本行政区域内港口工程建设的监督管理工作。

所在地港口行政管理部门按照地方人民政府的规定具体实施本行政区域内港口工程建设的监督管理工作。

第四条 港口工程建设应当符合法规、技术标准和港口规划。

第五条 港口工程安全设施应当与主体工程同时设计、同时施工、同时投入使用。

新建、改建、扩建的码头工程应当规划、设计和建设岸基供电设施。已建成的码头应当逐步实施岸基供电设施改造。

港口工程应当按照法规和技术标准要求同时建设船舶污染物接收设施,并做好与城市公共转运、处置设施的衔接。

客运码头工程应当按照法规和技术标准要求建设客运设施,满足旅客安全、便捷出行需要。

第六条 鼓励港口工程建设采用新技术、新设备、新工艺、新材料,推行施工质量和安全标准化管理,加强施工安全风险管控,科学组织建设。

第七条 港口工程建设的项目单位(以下简称项目单位)应当通过登录国家建立的项目在线监管平台(以下简称在线平台)进行项目申报,并按照要求填写开工建设、建设进度、竣工等信息。

省级交通运输主管部门、所在地港口行政管理部门应当利用在线平台进行在线审批、在线监测、协同监管等，提高信息化管理水平。

第二章　建设程序管理

第八条　港口工程建设项目应当按照国家规定的建设程序进行。除国家另有规定外，不得擅自简化基本建设程序。

第九条　政府投资的港口工程建设项目应当执行以下建设程序：

（一）开展工程预可行性研究，编制项目建议书；

（二）根据批准的项目建议书，进行工程可行性研究，编制可行性研究报告；

（三）根据批准的可行性研究报告，编制初步设计文件；

（四）根据批准的初步设计文件，编制施工图设计文件；

（五）办理施工图设计审批手续；

（六）根据国家有关规定，依法办理开工前相关手续，具备条件后开工建设；

（七）组织工程实施；

（八）工程完工后，编制竣工材料，进行工程竣工验收的各项准备工作；

（九）组织竣工验收。

第十条　企业投资的港口工程建设项目应当执行以下建设程序：

（一）编制项目申请书或者填写备案信息，履行核准或者备案手续；

（二）根据核准的项目申请书或者备案信息，编制初步设计文件；

（三）根据批准的初步设计文件，编制施工图设计文件；

（四）办理施工图设计审批手续；

（五）根据国家有关规定，依法办理开工前相关手续，具备条件后开工建设；

（六）组织工程实施；

（七）工程完工后，编制竣工材料，进行工程竣工验收的各项准备工作；

（八）组织竣工验收。

第十一条 储存、装卸危险货物的港口工程建设项目，项目单位除执行本规定第九条、第十条的规定外，还应当按照《安全生产法》《危险化学品安全管理条例》《港口危险货物安全管理规定》等要求，办理安全条件审查、安全设施设计审查手续，组织安全设施验收。

第十二条 港口工程建设项目需要使用港口岸线的，项目单位应当按照港口岸线使用的管理规定办理港口岸线使用手续。未取得岸线使用批准文件或者交通运输部关于岸线使用的意见，不得开工建设。

第十三条 交通运输部负责国家重点水运工程建设项目初步设计审批。

省级交通运输主管部门负责经省级人民政府及其投资主管部门审批、核准或者备案的港口工程建设项目初步设计审批。

所在地港口行政管理部门负责其余港口工程建设项目初步设计审批。

第十四条 项目单位应当向有审批权限的交通运输主管部门或者所在地港口行政管理部门申请初步设计审批，并提供以下材料：

（一）申请文件原件1份；

（二）初步设计文件1份及其电子版本；

（三）经批准的可行性研究报告，或者经核准的项目申请书，或者备案证明1份。

第十五条 编制港口工程建设项目初步设计文件，应当符合以下要求：

（一）建设方案符合港口总体规划；

（二）建设规模、标准及主要建设内容等符合项目审批、核准文件或者备案信息；

（三）设计符合有关技术标准，编制格式和内容符合水运工程设计文件编制要求。

第十六条 所在地港口行政管理部门负责港口工程建设项目施工图设计审批，对施工图设计文件中涉及公共利益、公众安全、工程建设强制性标准的内容进行审查。

第十七条 项目单位应当向所在地港口行政管理部门申请施工图设计审批，并提供以下材料：

（一）申请文件原件1份；

（二）施工图设计文件1份及其电子版本；

（三）经批准的初步设计文件1份。

施工图设计文件应当集中报批。对于工期长、涉及专业多的项目，可以分批报批。项目单位在首次申请施工图设计文件审批时，应当将分批安排报所在地港口行政管理部门。

第十八条 编制港口工程建设项目施工图设计文件，应当符合以下要求：

（一）建设规模、标准及主要建设内容符合经批准的初步设计文件；

（二）设计符合有关技术标准，编制格式和内容符合水运工程设计文件编制要求。

第十九条 对于技术复杂、难度较大、风险较大的港口工程建设项目，交通运输主管部门或者所在地港口行政管理部门在审批初步设计前应当委托另一设计单位进行技术审查咨询。受委托的设计单位资质等级应当不低于原初步设计文件编制单位资质等级。

所在地港口行政管理部门在审批施工图设计前可以委托另一

设计单位进行技术审查咨询。受委托的设计单位资质等级应当不低于原施工图设计文件编制单位资质等级。

第二十条 技术审查咨询主要核查以下内容,并对工程设计方案和概(预)算编制提出合理化建议:

(一)工程建设规模和主要建设内容与项目审批、核准文件或者备案信息的符合性;

(二)工程设计与强制性标准的符合性;

(三)总平面布置、主要工艺流程、主要设备配置的合理性;

(四)地基基础、主体结构的合理性、安全性、稳定性、耐久性;

(五)环境保护、安全、职业病防护、消防、节能等涉及公共安全、公众利益的工程措施与强制性标准的符合性;

(六)工程概(预)算的编制依据和方法的合理性。

第二十一条 交通运输主管部门、所在地港口行政管理部门应当在法定期限内对受理的设计审批申请作出书面决定,并告知项目单位;需要延长审批时限的,应当依法按照程序办理。

第二十二条 港口工程建设项目设计文件经批准后方可使用。

第二十三条 对于建设内容简单、投资规模较小的按照备案管理的港口工程建设项目,初步设计和施工图设计可以合并设计,深度应当达到施工图设计要求。

第三章 建设实施管理

第二十四条 项目单位应当在立项审批、核准文件及其他文件规定的有效期内开工建设。在有效期内不能开工建设的,应当按照规定在有效期届满前申请延期。

第二十五条 港口工程建设项目在条件具备后方可开工建设。项目单位在开工建设前,应当完成法规规定的各项手续,登录在线平台填写项目开工基本信息,并接受省级交通运输主管部门、所在地港口行政管理部门等对项目依法负有监督管理职责的相关部门的监管。

所在地港口行政管理部门应当通过在线监测、现场核查等方式加强对项目开工建设的监管。

第二十六条 项目单位依据国家有关规定对港口工程建设项目实行全过程管理,对工程质量和安全管理负总责。

项目单位应当符合《水运建设市场监督管理办法》规定的管理能力;不具备管理能力的,应当按照规定委托符合条件的代建单位进行项目建设管理。

第二十七条 经核准的企业投资港口工程建设项目建设地点发生变更,或者建设规模、内容发生较大变更的,项目单位应当向项目核准机关提出变更申请。已备案的企业投资港口工程建设项目信息发生较大变更的,企业应当及时告知备案机关。

政府投资的港口工程建设项目投资概算超过项目批准的投资估算10%的,或者项目建设地点、建设内容及规模发生重大变化的,项目单位应当按照项目审批机关的要求重新报送可行性研究报告。

第二十八条 港口工程建设项目出现批准机关调整审批、核准文件或者重新办理备案的,项目单位应当向初步设计审批部门申请调整初步设计审批内容。

第二十九条 港口工程建设项目设计文件一经批准,应当严格遵照执行,不得擅自变更。确需对设计文件内容进行变更的,应当履行相关手续后方可实施。

第三十条 港口工程建设项目设计变更应当符合强制性标准和技术规范,满足工程安全、质量、使用功能和环境保护等要求。

第三十一条 设计变更发生下列情形之一的,由原初步设计审批部门审批:

(一)对工程总平面布置进行重大调整,主要包括水域设计水深、码头或者防波堤顶高程、陆域生产区主要布置形式、防波堤轴向或者口门尺度等;

（二）改变主要水工建筑物结构型式；

（三）改变主要装卸工艺方案；

（四）政府投资港口工程建设项目超出初步设计批准总概算但在项目批准的投资估算10%以内。

前款规定的设计变更涉及施工图设计重大修改的，还应当由原施工图设计审批部门审批。

第三十二条 设计变更发生下列情形之一的，由原施工图设计审批部门审批：

（一）对工程总平面布置进行较大调整，主要包括水域主要布置形式、陆域辅助生产区主要布置形式等；

（二）调整主要生产建筑物结构型式；

（三）调整主要装卸工艺设备配置规模。

第三十三条 审批部门在批准设计变更时，可以委托另一设计单位进行技术审查咨询。受委托的设计单位资质等级应当不低于原设计文件编制单位资质等级。

第三十四条 本规定第三十一条、第三十二条以外的设计变更，项目单位应当加强管理，制定设计变更内部管理程序，不得随意变更设计内容，或者采取肢解设计变更内容等方式规避设计变更审批手续。

第三十五条 港口工程建设项目设计变更文件应当由原设计单位编制，或者经原设计单位书面同意，也可以由其他具有相应资质的设计单位编制。编制单位对设计变更文件承担相应责任。

第三十六条 申请港口工程建设项目设计变更，应当提交以下材料：

（一）申请文件1份；

（二）设计变更文件1份，内容包括港口工程建设项目的基本情况、拟变更的主要内容以及设计变更的合理性论证；设计变更前后相应的勘察、设计图纸；工程量、概算变化对照清单和分项投资等。

第三十七条 因应急抢险等紧急情况引起本规定第三十一条、第三十二条规定的设计变更情形的,项目单位可以先行组织实施,但应当在10个工作日内书面报告设计变更审批部门,并按照要求及时履行相应的设计变更手续。

第四章 验收管理

第三十八条 港口工程建设项目应当按照法规和国家有关规定及时组织竣工验收,经竣工验收合格后方可正式投入使用。

本规定所称竣工验收,是指港口工程建设项目完工后、正式投入使用前,对工程交工验收、执行强制性标准、投资使用等情况进行全面检查验收,以及对工程建设、设计、施工、监理等工作进行综合评价。

第三十九条 港口工程建设项目合同段完工后,由项目单位组织设计、施工、监理、试验检测等单位进行交工验收,并邀请所在地港口行政管理部门参加。

第四十条 交工验收应当具备以下条件:

(一)合同约定的各项内容已建设完成,未遗留有碍船舶航行和港口作业安全的隐患;

(二)项目单位组织对工程质量的检测结果合格;

(三)监理单位对工程质量的评定(评估)合格;

(四)质量监督机构对工程交工质量核验合格;

(五)设计单位、施工单位、监理单位已完成工作总结报告。

第四十一条 交工验收的主要工作内容:

(一)检查合同执行情况,核验工程建设内容与批复的设计内容是否一致;

(二)检查施工自检报告、施工总结报告及施工资料;

(三)检查监理单位独立抽检资料、监理总结报告及质量评定资料;

（四）检查设计单位对工程设计符合性评价意见和设计总结报告；

（五）检查工程实体质量；

（六）对合同是否全面执行、工程质量是否合格作出结论，出具交工验收意见。

第四十二条 港口工程建设项目建成后，按照设计要求需要进行试运行经营的，应当按照《港口经营管理规定》取得港口经营许可后，方可进行试运行经营。

第四十三条 试运行经营期内符合竣工验收条件的港口工程建设项目，项目单位应当及时办理港口工程竣工验收手续。

试运行期间达不到设计要求的，项目单位应当立即停止试运行并进行整改。整改完成后再次申请试运行的，试运行时间应当累计计算。

第四十四条 国家重点水运工程建设项目由项目单位向省级交通运输主管部门申请竣工验收。

前款规定以外的港口工程建设项目，属于政府投资的，由项目单位向所在地港口行政管理部门申请竣工验收；属于企业投资的，由项目单位组织竣工验收。

所在地港口行政管理部门应当加强对项目单位验收活动和验收结果的监督核查。

第四十五条 省级交通运输主管部门或者所在地港口行政管理部门应当按照国家规定的程序和时限完成港口工程竣工验收。竣工验收合格的，应当签发《港口工程竣工验收证书》。

第四十六条 港口工程建设项目竣工验收的主要依据是：

（一）法规及相关技术标准、规范；

（二）项目审批、核准文件或者备案证明；

（三）项目初步设计、施工图设计、设计变更等批准文件；

（四）主要设备技术规格或者说明书；

（五）合同文件。

第四十七条 港口工程建设项目竣工验收应当具备以下条件:

(一)已按照批准的工程设计和有关合同约定的各项内容建设完成,各合同段交工验收合格;建设项目有尾留工程的,尾留工程不得影响建设项目的投产使用,尾留工程投资额可以根据实际测算投资额或者按照工程概算所列的投资额列入竣工决算报告,但不超过工程总投资的5%;

(二)主要工艺设备或者设施通过调试具备生产条件;

(三)需要试运行的,经试运行符合设计要求;

(四)环境保护设施、安全设施、职业病防护设施、消防设施已按照有关规定通过验收或者备案;航标设施以及其他辅助性设施已按照《港口法》的规定,与港口工程同时建设,并保证按期投入使用;

(五)竣工档案资料齐全,并通过专项验收;

(六)竣工决算报告编制完成,按照国家有关规定需要审计的,已完成审计;

(七)廉政建设合同已履行。

第四十八条 项目单位向所在地港口行政管理部门申请竣工验收,应当提交以下材料:

(一)申请文件1份;

(二)竣工验收报告1份。

第四十九条 申请或者组织竣工验收前,项目单位应当组织编制竣工验收报告,竣工验收报告应当包括以下内容:

(一)项目单位工作报告;

(二)设计、施工、监理等单位的工作报告;

(三)质量监督机构出具的交工质量核验意见;

(四)试运行报告;

(五)竣工决算报告(按照国家有关规定需要审计的,应当包括竣工决算审计报告);

（六）环境保护设施、安全设施、职业病防护设施、消防设施已按照有关部门规定通过验收或者备案的相关文件；

（七）有关批准文件。

第五十条 港口工程建设项目竣工验收的主要内容：

（一）检查工程执行有关部门批准文件情况；

（二）检查工程实体建设情况，核查质量监督机构出具的交工质量核验意见；

（三）检查工程合同履约情况；

（四）检查工程执行强制性标准情况；

（五）检查环境保护设施、安全设施、职业病防护设施、消防设施、档案等验收或者备案情况；

（六）检查竣工验收报告编制情况；

（七）检查廉政建设合同执行情况；

（八）对存在问题和尾留工程提出处理意见；

（九）对港口工程建设、设计、施工、监理等单位的工作作出综合评价；

（十）对工程竣工验收是否合格作出结论，出具竣工验收现场核查报告。

第五十一条 港口工程建设项目竣工验收应当成立竣工验收现场核查组对工程进行现场核查。

竣工验收现场核查组应当由验收组织部门或者单位、所在地港口行政管理部门、质量监督机构、项目单位人员和专家等组成，并应当邀请海事管理机构等其他依法对项目负有监督管理职责的相关部门参加。

工程设计、施工、监理、试验检测等单位人员应当参加现场核查。

第五十二条 竣工验收现场核查组成员应当为9人以上单数，其中专家不少于5人；竣工验收现场核查组组长由负责组织竣工验收的部门或者单位人员担任。

对于建设内容简单、投资规模较小的备案项目，竣工验收现场核查组可以由7人以上单数组成，其中专家不少于4人。

第五十三条 竣工验收专家应当具有一定的水运工程建设和管理经验，具备良好的职业道德，具有高级专业技术职称，且不得与项目单位以及勘察、设计、施工、监理、试验检测等单位有直接利害关系。

第五十四条 竣工验收现场核查组应当对照港口工程竣工验收主要内容，客观公正、实事求是地对工程进行现场核查，形成竣工验收现场核查报告。

第五十五条 竣工验收现场核查报告应当全面反映竣工验收现场核查工作开展情况和工程建设实际情况，并明确作出竣工验收合格或者不合格的核查结论。

第五十六条 竣工验收现场核查报告由竣工验收现场核查组全体成员签字。

竣工验收现场核查组成员对核查结论有不同意见的，应当以书面形式说明其不同意见和理由，竣工验收现场核查报告应当注明不同意见。竣工验收现场核查组组长应当组织全体成员对不同意见进行研究，提出竣工验收是否合格的核查结论。

竣工验收现场核查组成员拒绝在核查报告上签字，又不书面说明其不同意见和理由的，视为同意核查结论。

第五十七条 竣工验收现场核查报告明确竣工验收合格但提出整改要求的，项目单位应当进行整改，将整改情况形成书面材料存档；竣工验收现场核查报告明确竣工验收不合格的，项目单位整改后应当重新申请或者组织竣工验收。

第五十八条 港口工程建设项目竣工验收合格后15日内，由项目单位负责组织竣工验收的，项目单位应当将修改完善的竣工验收报告和竣工验收现场核查报告报所在地港口行政管理部门。由省级交通运输主管部门或者所在地港口行政管理部门负责组织竣工验收的，省级交通运输主管部门或者所在地港口行政管理部门应当按照要求将竣工验收报告和竣工验收现场核查报告报上一级交通运输主管部门。

省级交通运输主管部门、所在地港口行政管理部门应当在港口工程建设项目竣工验收后 30 日内向海事管理机构通报通航技术尺度等信息。

第五十九条 港口工程建设项目竣工验收合格后,项目单位应当按照要求及时登录在线平台填报竣工基本信息。

第六十条 交通运输主管部门、所在地港口行政管理部门应当通过市场检查、专项督查等方式对项目单位组织的竣工验收工作进行监督检查。上级交通运输主管部门应当对省级交通运输主管部门或者所在地港口行政管理部门组织的竣工验收工作进行监督检查。

第六十一条 对于一次设计、分期建成的港口工程建设项目,可以对已建成具有独立使用功能并符合竣工验收条件的部分港口工程建设项目进行分期竣工验收。企业投资的港口工程建设项目的分期竣工验收方案应当报所在地港口行政管理部门。

第六十二条 港口工程建设项目有尾留工程的,项目单位应当落实竣工验收现场核查报告对尾留工程的处理意见。尾留工程完工并符合交工验收条件后,项目单位应当组织尾留工程验收,验收通过后将相关资料报所在地港口行政管理部门。

第六十三条 港口工程建设项目竣工验收合格后,项目单位应当按照国家有关规定办理档案、固定资产交付使用等相关手续;需要进行港口经营的,应当按照《港口经营管理规定》的要求办理相关手续。

第五章 工程信息及档案管理

第六十四条 港口工程建设项目实行信息报送制度。

第六十五条 省级交通运输主管部门、所在地港口行政管理部门应当按照政府信息公开和报送的要求，做好工程建设项目信息的公开和报送工作。

第六十六条 项目单位应当自工程开工建设之日起按照统计制度规定每月报送工程建设信息，并登录在线平台填报项目建设动态进度基本信息。

项目单位应当指定信息员及时进行信息的收集、整理、统计和报送工作，确保信息真实、准确和完整，不得谎报、瞒报、漏报。

第六十七条 项目单位应当建立健全工程档案管理制度，保证档案资料真实、准确和完整，督促勘察、设计、施工、监理、试验检测等单位加强建设项目档案管理，按照有关规定办理工程竣工档案专项验收。

第六十八条 项目单位应当按照国家有关规定负责港口工程建设项目档案的收集、整理和归档，包括纸质技术档案资料、电子技术档案资料、影像及图片资料等。

第六十九条 港口工程建设项目勘察、设计、施工、监理、试验检测等单位应当加强资料档案的管理，按照国家有关规定建立健全工程项目档案，对各环节的文件、图片、影像等资料进行立卷归档。

第六章 法律责任

第七十条 项目单位有下列行为之一的，由所在地港口行政管理部门责令改正，处20万元以上50万元以下的罚款：

（一）施工图设计未经批准，擅自开工建设的；

（二）施工图设计经批准后，对本规定第三十一条、第三十二条规定的情形擅自作出变更或者采取肢解变更内容等方式规避审批并开工建设的。

第七十一条 项目单位有下列行为之一的，由所在地港口行政管理部门责令停止使用，处工程合同价款2%以上4%以下的罚款：

（一）未组织竣工验收或者验收不合格，擅自交付使用的；

（二）对不符合竣工验收条件和要求的项目按照合格项目验收的。

第七十二条 项目单位违反本规定未按时报送项目建设信息的，由所在地港口行政管理部门责令限期整改；省级交通运输主管部门或者所在地港口行政管理部门违反本规定未按时报送相关信息的，由其上级交通运输主管部门责令限期整改。

第七十三条 交通运输主管部门、所在地港口行政管理部门在办理设计审批、设计变更、竣工验收等手续中存在滥用职权、玩忽职守、徇私舞弊等行为的，由有关行政主管部门对直接责任人给予行政处分；构成犯罪的，由司法机关依法追究刑事责任。

第七章 附 则

第七十四条 本规定所称国家重点水运工程建设项目，是指国务院投资主管部门审批、核准或者交通运输部审批的港口工程建设项目。

第七十五条 港口公用航道工程按照交通运输部关于航道工程建设管理的有关规定执行。

第七十六条 本规定自2018年3月1日起施行。2007年4月24日以交通部令2007年第5号发布的《港口建设管理规定》、2005年4月12日以交通部令2005年第2号发布的《港口工程竣工验收办法》、2014年9月5日以交通运输部令2014年第12号发布的《关于修改〈港口工程竣工验收办法〉的决定》、2016年4月19日以交通运输部令2016年第44号发布的《关于修改〈港口工程竣工验收办法〉的决定》同时废止。

附件：1. ××工程竣工验收报告

2. ××工程竣工验收现场核查报告

3. 港口工程建设项目竣工验收证书

附件 1

××工程竣工验收报告

编写单位：

编写日期：

一、项目单位工作报告

第一章　工程概况

1. 建设依据:行政主管部门有关审批、核准或者备案证明文件。注明文件文号、名称和时间等。

2. 地理位置:概括描述相对位置并注明经纬度。

3. 自然条件:地形、地质、水文和气象等主要特征。

4. 审批、核准或者备案的建设规模、标准、能力和总投资。

5. 工程建设实际内容,包括泊位数量、等级、吞吐能力,码头前沿设计底高程,以及进出港口的航道等级,防波堤长度、顶高程,锚地面积、性质、底高程,护岸长度、顶高程等。

6. 项目单位、主要设计、施工(含设备制造、安装)、监理单位、质量监督机构等名称。

7. 开、完工日期。

第二章　招投标及合同管理

概述招标、投标情况,合同的签订及执行情况。

第三章　工程建设情况

详细叙述各单项工程的工程总量、开工和完工时间、主要设计变更内容、工程中采用的主要施工工艺等;工程事故的处理;对各单项工程中的主要单位工程应当着重说明其结构特点、特殊使用要求和建设情况,同时附工程建设项目一览表。

单项工程建设情况的内容按照初步设计文件编制的章节顺序编写。

第四章　工艺设备

概述主要工艺流程,机械设备和工作车船的数量及其性能参数、制造厂家和供货、安装、调试情况,同时附机械设备一览表。

第五章　环保、安全、职业病防护、消防和档案专项验收或者备案情况

概述有关环境保护、安全、职业病防护、消防等设施主要建设情况，工程档案资料归档情况，以及相关专项验收或者备案情况。

第六章　交工验收和工程质量

概述交工验收情况。根据质量监督机构出具的交工质量核验意见，综述工程质量评定情况以及存在问题的处理情况。

第七章　工程建设强制性标准执行情况

概述工程建设、设计、施工、监理各方执行工程建设强制性标准的情况。

第八章　竣工决算

概述竣工决算情况，按照国家有关规定需要进行审计的，应当概述竣工决算审计报告主要结论。

第九章　问题和建议

如实反映工程建设存在的主要问题并提出建议意见。

二、设计单位工作报告

概述主要设计单位的设计范围和内容，设计组织与服务，主要设计变更内容、理由及批准情况，工程建设强制性标准执行情况，技术创新与关键技术的处理，设计符合性评价意见，总结设计经验，存在的主要问题与建议等。

三、施工单位工作报告

概述主要施工单位的施工范围和内容，质量管理体系、质量控制和施工组织形式，主要施工工艺，施工管理措施，工程建设强制性标准执行情况，施工技术创新与关键技术的处理，安全生产风险

管理情况，总结施工经验，存在的主要问题与建议等。

四、监理单位工作报告

概述主要监理单位的监理范围和内容，监理依据，监理组织机构，监理工作质量管理体系，监理主要工作开展情况，工程建设强制性标准执行情况，施工中主要问题的处理情况，对工程质量、安全、投资、进度、环境保护工作评价，对施工单位质量管理体系的评价，总结监理经验，存在的主要问题与建议等。

五、交工质量核验意见

提供质量监督机构出具的交工质量核验意见。

六、试运行报告

概述建设项目生产准备工作情况和试运行情况。

七、竣工决算报告

按照规定编制竣工决算报告。按照国家有关规定需要审计的，应当包括竣工决算审计报告。

八、专项验收或者备案文件

环境保护、安全、职业病防护、消防、工程档案等按照有关规定通过验收或者备案的相关文件。

九、有关批准文件

主要包括：工程审批、核准、备案等立项文件或者证明，初步设计、施工图设计、设计变更批准文件；环境保护、安全、职业病防护、消防等审批（审查、评估、评价）等各类批准文件。

附件

主要包括港区形势图、总平面布置图及能够反映工程特点的部分图片。

附件2

××工程竣工验收现场核查报告

竣工验收现场核查组

年　　月　　日

前　　言

概述现场核查组组成，工作开展情况等。

第一章　工程概况

概述工程建设规模、主要建设内容和投资、工程建设依据，主要工程参建单位，工程开工、完工日期等。

第二章　竣工验收现场核查工作情况

1. 检查工程执行有关部门批准文件情况；

2. 检查工程实体质量；

3. 检查工程合同履约情况；

4. 检查工程执行强制性标准情况；

5. 检查环境保护设施、安全设施、职业病防护设施、消防设施、档案等验收或者备案情况；

6. 检查竣工验收报告编制情况；

7. 检查廉政建设合同执行情况。

第三章　竣工验收现场核查结论

1. 对港口工程建设、设计、施工、监理等单位的工作作出综合评价；

2. 对工程竣工验收是否合格作出结论；

3. 现场核查发现的问题及处理意见；

4. 对尾留工程提出处理意见；

5. 验收核查组成员对竣工验收的不同意见，现场研究情况，表决情况。

附件

验收组成员签字表。

附件 3

港口工程建设项目竣工验收证书

编号：

项目单位：

工程名称：

建设依据：

建设规模及主要建设内容：

（章）

填表说明

一、本证书由组织竣工验收的省级交通运输主管部门或者所在地港口行政管理部门签发。

二、建设依据主要填写项目立项文件(审批、核准或备案)、初步设计文件和施工图设计批复文件,格式为“批复部门＋批文名称＋文号＋批复日期”。

三、建设规模和内容按竣工验收现场核查核定的内容填写,具体要求如下:

(一)码头工程:泊位类别数量、等级、长度、年吞吐能力,码头前沿设计底高程,以及进出港航道等级等。

(二)防波堤工程:防波堤长度、顶高程等。

(三)锚地工程:锚地面积、性质、底高程等。

(四)护岸工程:护岸长度、顶高程等。

四、本证书一式三份,双面打印,签发部门留存一份、项目单位留存两份。

社会组织信用信息管理办法

（2018年1月24日民政部令第60号公布　自公布之日起施行　国法备字[2018000401]）

第一条　为加强社会组织信用信息管理，推进社会组织信用体系建设，促进社会组织健康有序发展，依据有关法律法规和国家有关规定，制定本办法。

第二条　本办法适用于社会组织登记管理机关（以下简称登记管理机关）在依法履行职责过程中形成或者获取的与社会组织信用状况有关信息的管理。

政府其他有关部门以及司法机关在履行职责过程中形成的与社会组织信用状况有关的信息，依法依规纳入社会组织信用信息进行管理。

第三条　国务院民政部门指导全国社会组织信用信息管理工作。

国务院民政部门和县级以上地方各级人民政府民政部门负责在本机关登记的社会组织信用信息管理工作。

第四条　社会组织信用信息的管理应当遵循依法公开、统一管理、分级负责、信息共享、动态更新的原则。

第五条　登记管理机关开展社会组织信用信息管理工作，应当依法保守国家秘密、商业秘密和个人隐私。

第六条　社会组织信用信息包括基础信息、年报信息、行政检查信息、行政处罚信息和其他信息。

第七条　基础信息是指反映社会组织登记、核准和备案等事项的信息。

年报信息是指社会组织依法履行年度工作报告义务并向社会

公开的信息。

行政检查信息是指登记管理机关及政府有关部门对社会组织开展监督检查形成的结论性信息。

行政处罚信息是指社会组织受到的行政处罚种类、处罚结果、违法事实、处罚依据、处罚时间、作出行政处罚的部门等信息。

其他信息是指社会组织评估等级及有效期限、获得的政府有关部门的表彰奖励、承接政府购买服务或者委托事项、公开募捐资格、公益性捐赠税前扣除资格等与社会组织信用有关的信息。

第八条 登记管理机关应当在信息形成或者获取后5个工作日内将应予记录的社会组织信用信息采集录入到社会组织信息管理系统。尚未建立社会组织信息管理系统的登记管理机关,应当采取适当方式及时采集、记录相关信息。

登记管理机关应当加强对信用信息的管理和维护,保证信息安全。

第九条 登记管理机关依据社会组织未依法履行义务或者存在违法违规行为的有关信用信息,建立社会组织活动异常名录和严重违法失信名单制度。

第十条 因非行政处罚事项被列入活动异常名录或者严重违法失信名单的社会组织,登记管理机关在作出决定前,应当向社会组织书面告知列入的事实、理由、依据及其依法享有的权利。通过登记的住所无法取得联系的,可以通过互联网公告告知。

社会组织对被列入活动异常名录或者严重违法失信名单有异议的,可以在收到告知书之日起10个工作日内向登记管理机关提出书面陈述申辩意见并提交相关证明材料。通过公告方式告知的,社会组织自公告之日起30日内未提交陈述申辩意见的,视为无异议。

登记管理机关应当自收到陈述申辩意见之日起10个工作日内进行核实,作出是否列入活动异常名录或者严重违法失信名单的决定,并书面告知申请人。

第十一条 登记管理机关应当将有下列情形之一的社会组织列入活动异常名录:

(一)未按照规定时限和要求向登记管理机关报送年度工作报告的;

(二)未按照有关规定设立党组织的;

(三)登记管理机关在抽查和其他监督检查中发现问题,发放整改文书要求限期整改,社会组织未按期完成整改的;

(四)具有公开募捐资格的慈善组织,存在《慈善组织公开募捐管理办法》第二十一条规定情形的;

(五)受到警告或者不满5万元罚款处罚的;

(六)通过登记的住所无法与社会组织取得联系的;

(七)法律、行政法规规定应当列入的其他情形。

登记管理机关在依法履职过程中通过邮寄专用信函向社会组织登记的住所两次邮寄无人签收的,视作通过登记的住所无法与社会组织取得联系。两次邮寄间隔时间不得少于15日,不得超过30日。

第十二条 社会组织存在第十一条所列情形,但由业务主管单位或者其他有关部门书面证明该社会组织对此不负直接责任的,可以不列入活动异常名录。

第十三条 社会组织在被列入活动异常名录期间,再次出现应当列入活动异常名录情形的,列入时限重新计算。

第十四条 被列入活动异常名录的社会组织按照规定履行相关义务或者完成整改要求的,可以向登记管理机关申请移出活动异常名录,登记管理机关应当自查实之日起5个工作日内将其移出活动异常名录;如不存在应当整改或者履行相关义务情形的,自列入活动异常名录之日起满6个月后,由登记管理机关将其移出活动异常名录。

第十五条 登记管理机关应当将有下列情形之一的社会组织列入严重违法失信名单:

（一）被列入活动异常名录满2年的；

（二）弄虚作假办理变更登记，被撤销变更登记的；

（三）受到限期停止活动行政处罚的；

（四）受到5万元以上罚款处罚的；

（五）三年内两次以上受到警告或者不满5万元罚款处罚的；

（六）被司法机关纳入“失信被执行人”名单的；

（七）被登记管理机关作出吊销登记证书、撤销成（设）立登记决定的；

（八）法律、行政法规规定应当列入的其他情形。

第十六条　社会组织在被列入严重违法失信名单期间，出现应当列入活动异常名录或者严重违法失信名单情形的，列入时限重新计算。

第十七条　依照本办法第十五条第（一）项被列入严重违法失信名单的社会组织，登记管理机关应当自列入之日起，将其移出活动异常名录；自被列入严重违法失信名单之日起满2年，且按照规定履行相关义务或者完成整改要求的，可以向登记管理机关提出移出申请，登记管理机关应当自查实之日起5个工作日内将其移出严重违法失信名单。

依照本办法第十五条第（二）项至第（六）项规定被列入严重违法失信名单的社会组织，自被列入严重违法失信名单之日起满2年，可以向登记管理机关提出移出申请，登记管理机关应当自查实之日起5个工作日内将其移出严重违法失信名单。

依照本办法第十五条第（七）项规定被列入严重违法失信名单的，登记管理机关应当自该组织完成注销登记之日起5个工作日内将其移出严重违法失信名单。

第十八条　列入严重违法失信名单所依据的行政处罚决定、撤销登记决定或者“失信被执行人”名单被依法撤销或者删除的，社会组织可以向登记管理机关提出移出申请，登记管理机关应当自查实之日起5个工作日内将其移出严重违法失信名单。

第十九条　社会组织的信用信息、活动异常名录和严重违法失信名单应当向社会公开。登记管理机关通过互联网向社会提供查询渠道。

第二十条　社会组织对自身信用信息、活动异常名录和严重违法失信名单有异议的,可以向负责的登记管理机关提出书面申请并提交相关证明材料。登记管理机关应当在30个工作日内进行核实,发现存在错误的,应当自核实之日起5个工作日内予以更正;经核实后作出不予更改决定的,应当书面告知申请人并说明理由。

第二十一条　各级登记管理机关根据国家和本行政区域内信用体系建设的相关规定,通过全国信用信息共享平台向有关部门提供社会组织信用信息,实现部门信息共享。

第二十二条　各级登记管理机关协调配合相关部门,在各自职权范围内,依据社会组织信用信息采取相应的激励和惩戒措施,重点推进对失信社会组织的联合惩戒。

第二十三条　对信用良好的社会组织,登记管理机关可以采取或者建议有关部门依法采取下列激励措施:

(一)优先承接政府授权和委托事项;

(二)优先获得政府购买社会组织服务项目;

(三)优先获得资金资助和政策扶持;

(四)优先推荐获得相关表彰和奖励等;

(五)实施已签署联合激励备忘录中各项激励措施。

第二十四条　对被列入严重违法失信名单的社会组织,登记管理机关可以采取或者建议有关部门依法采取下列惩戒措施:

(一)列入重点监督管理对象;

(二)不给予资金资助;

(三)不向该社会组织购买服务;

(四)不授予相关荣誉称号;

(五)作为取消或者降低社会组织评估等级的重要参考;

(六)实施已签署联合惩戒备忘录中各项惩戒措施。

第二十五条 登记管理机关工作人员在开展社会组织信用信息管理工作中滥用职权、徇私舞弊、玩忽职守的,视其情节轻重给予批评教育或者行政处分;构成犯罪的,依法追究其刑事责任。

第二十六条 本办法自发布之日起施行。

排污许可管理办法(试行)

(2018年1月10日环境保护部令第48号公布 自公布之日起施行 国法备字[2018000386])

第一章 总 则

第一条 为规范排污许可管理,根据《中华人民共和国环境保护法》《中华人民共和国水污染防治法》《中华人民共和国大气污染防治法》以及国务院办公厅印发的《控制污染物排放许可制实施方案》,制定本办法。

第二条 排污许可证的申请、核发、执行以及与排污许可相关的监管和处罚等行为,适用本办法。

第三条 环境保护部依法制定并公布固定污染源排污许可分类管理名录,明确纳入排污许可管理的范围和申领时限。

纳入固定污染源排污许可分类管理名录的企业事业单位和其他生产经营者(以下简称排污单位)应当按照规定的时限申请并取得排污许可证;未纳入固定污染源排污许可分类管理名录的排污单位,暂不需申请排污许可证。

第四条 排污单位应当依法持有排污许可证,并按照排污许可证的规定排放污染物。

应当取得排污许可证而未取得的,不得排放污染物。

第五条 对污染物产生量大、排放量大或者环境危害程度高的排污单位实行排污许可重点管理，对其他排污单位实行排污许可简化管理。

实行排污许可重点管理或者简化管理的排污单位的具体范围，依照固定污染源排污许可分类管理名录规定执行。实行重点管理和简化管理的内容及要求，依照本办法第十一条规定的排污许可相关技术规范、指南等执行。

设区的市级以上地方环境保护主管部门，应当将实行排污许可重点管理的排污单位确定为重点排污单位。

第六条 环境保护部负责指导全国排污许可制度实施和监督。各省级环境保护主管部门负责本行政区域排污许可制度的组织实施和监督。

排污单位生产经营场所所在地设区的市级环境保护主管部门负责排污许可证核发。地方性法规对核发权限另有规定的，从其规定。

第七条 同一法人单位或者其他组织所属、位于不同生产经营场所的排污单位，应当以其所属的法人单位或者其他组织的名义，分别向生产经营场所所在地有核发权的环境保护主管部门（以下简称核发环保部门）申请排污许可证。

生产经营场所和排放口分别位于不同行政区域时，生产经营场所所在地核发环保部门负责核发排污许可证，并应当在核发前，征求其排放口所在地同级环境保护主管部门意见。

第八条 依据相关法律规定，环境保护主管部门对排污单位排放水污染物、大气污染物等各类污染物的排放行为实行综合许可管理。

2015 年 1 月 1 日及以后取得建设项目环境影响评价审批意见的排污单位，环境影响评价文件及审批意见中与污染物排放相关的主要内容应当纳入排污许可证。

第九条 环境保护部对实施排污许可管理的排污单位及其生

产设施、污染防治设施和排放口实行统一编码管理。

第十条 环境保护部负责建设、运行、维护、管理全国排污许可证管理信息平台。

排污许可证的申请、受理、审核、发放、变更、延续、注销、撤销、遗失补办应当在全国排污许可证管理信息平台上进行。排污单位自行监测、执行报告及环境保护主管部门监管执法信息应当在全国排污许可证管理信息平台上记载,并按照本办法规定在全国排污许可证管理信息平台上公开。

全国排污许可证管理信息平台中记录的排污许可证相关电子信息与排污许可证正本、副本依法具有同等效力。

第十一条 环境保护部制定排污许可证申请与核发技术规范、环境管理台账及排污许可证执行报告技术规范、排污单位自行监测技术指南、污染防治可行技术指南以及其他排污许可政策、标准和规范。

第二章 排污许可证内容

第十二条 排污许可证由正本和副本构成,正本载明基本信息,副本包括基本信息、登记事项、许可事项、承诺书等内容。

设区的市级以上地方环境保护主管部门可以根据环境保护地方性法规,增加需要在排污许可证中载明的内容。

第十三条 以下基本信息应当同时在排污许可证正本和副本中载明:

(一)排污单位名称、注册地址、法定代表人或者主要负责人、技术负责人、生产经营场所地址、行业类别、统一社会信用代码等排污单位基本信息;

(二)排污许可证有效期限、发证机关、发证日期、证书编号和二维码等基本信息。

第十四条 以下登记事项由排污单位申报,并在排污许可证副本中记录：

（一）主要生产设施、主要产品及产能、主要原辅材料等；

（二）产排污环节、污染防治设施等；

（三）环境影响评价审批意见、依法分解落实到本单位的重点污染物排放总量控制指标、排污权有偿使用和交易记录等。

第十五条 下列许可事项由排污单位申请，经核发环保部门审核后，在排污许可证副本中进行规定：

（一）排放口位置和数量、污染物排放方式和排放去向等，大气污染物无组织排放源的位置和数量；

（二）排放口和无组织排放源排放污染物的种类、许可排放浓度、许可排放量；

（三）取得排污许可证后应当遵守的环境管理要求；

（四）法律法规规定的其他许可事项。

第十六条 核发环保部门应当根据国家和地方污染物排放标准，确定排污单位排放口或者无组织排放源相应污染物的许可排放浓度。

排污单位承诺执行更加严格的排放浓度的，应当在排污许可证副本中规定。

第十七条 核发环保部门按照排污许可证申请与核发技术规范规定的行业重点污染物允许排放量核算方法，以及环境质量改善的要求，确定排污单位的许可排放量。

对于本办法实施前已有依法分解落实到本单位的重点污染物排放总量控制指标的排污单位，核发环保部门应当按照行业重点污染物允许排放量核算方法、环境质量改善要求和重点污染物排放总量控制指标，从严确定许可排放量。

2015 年 1 月 1 日及以后取得环境影响评价审批意见的排污单位，环境影响评价文件和审批意见确定的排放量严于按照本条第一款、第二款确定的许可排放量的，核发环保部门应当根据环境影响评价文件和审批意见要求确定排污单位的许可排放量。

地方人民政府依法制定的环境质量限期达标规划、重污染天气应对措施要求排污单位执行更加严格的重点污染物排放总量控制指标的，应当在排污许可证副本中规定。

本办法实施后，环境保护主管部门应当按照排污许可证规定的许可排放量，确定排污单位的重点污染物排放总量控制指标。

第十八条 下列环境管理要求由核发环保部门根据排污单位的申请材料、相关技术规范和监管需要，在排污许可证副本中进行规定：

（一）污染防治设施运行和维护、无组织排放控制等要求；

（二）自行监测要求、台账记录要求、执行报告内容和频次等要求；

（三）排污单位信息公开要求；

（四）法律法规规定的其他事项。

第十九条 排污单位在申请排污许可证时，应当按照自行监测技术指南，编制自行监测方案。

自行监测方案应当包括以下内容：

（一）监测点位及示意图、监测指标、监测频次；

（二）使用的监测分析方法、采样方法；

（三）监测质量保证与质量控制要求；

（四）监测数据记录、整理、存档要求等。

第二十条 排污单位在填报排污许可证申请时，应当承诺排污许可证申请材料是完整、真实和合法的；承诺按照排污许可证的规定排放污染物，落实排污许可证规定的环境管理要求，并由法定代表人或者主要负责人签字或者盖章。

第二十一条 排污许可证自作出许可决定之日起生效。首次发放的排污许可证有效期为三年，延续换发的排污许可证有效期为五年。

对列入国务院经济综合宏观调控部门会同国务院有关部门发

布的产业政策目录中计划淘汰的落后工艺装备或者落后产品，排污许可证有效期不得超过计划淘汰期限。

第二十二条 环境保护主管部门核发排污许可证，以及监督检查排污许可证实施情况时，不得收取任何费用。

第三章 申请与核发

第二十三条 省级环境保护主管部门应当根据本办法第六条和固定污染源排污许可分类管理名录，确定本行政区域内负责受理排污许可证申请的核发环保部门、申请程序等相关事项，并向社会公告。

依据环境质量改善要求，部分地区决定提前对部分行业实施排污许可管理的，该地区省级环境保护主管部门应当报环境保护部备案后实施，并向社会公告。

第二十四条 在固定污染源排污许可分类管理名录规定的时限前已经建成并实际排污的排污单位，应当在名录规定时限申请排污许可证；在名录规定的时限后建成的排污单位，应当在启动生产设施或者在实际排污之前申请排污许可证。

第二十五条 实行重点管理的排污单位在提交排污许可申请材料前，应当将承诺书、基本信息以及拟申请的许可事项向社会公开。公开途径应当选择包括全国排污许可证管理信息平台等便于公众知晓的方式，公开时间不得少于五个工作日。

第二十六条 排污单位应当在全国排污许可证管理信息平台上填报并提交排污许可证申请，同时向核发环保部门提交通过全国排污许可证管理信息平台印制的书面申请材料。

申请材料应当包括：

（一）排污许可证申请表，主要内容包括：排污单位基本信息，主要生产设施、主要产品及产能、主要原辅材料，废气、废水等产排污环节和污染防治设施，申请的排放口位置和数量、排放方式、排放去向，按照排放口和生产设施或者车间申请的排放污染物种类、排放浓度和排放量，执行的排放标准；

（二）自行监测方案；

（三）由排污单位法定代表人或者主要负责人签字或者盖章的承诺书；

（四）排污单位有关排污口规范化的情况说明；

（五）建设项目环境影响评价文件审批文号，或者按照有关国家规定经地方人民政府依法处理、整顿规范并符合要求的相关证明材料；

（六）排污许可证申请前信息公开情况说明表；

（七）污水集中处理设施的经营管理单位还应当提供纳污范围、纳污排污单位名单、管网布置、最终排放去向等材料；

（八）本办法实施后的新建、改建、扩建项目排污单位存在通过污染物排放等量或者减量替代削减获得重点污染物排放总量控制指标情况的，且出让重点污染物排放总量控制指标的排污单位已经取得排污许可证的，应当提供出让重点污染物排放总量控制指标的排污单位的排污许可证完成变更的相关材料；

（九）法律法规规章规定的其他材料。

主要生产设施、主要产品产能等登记事项中涉及商业秘密的，排污单位应当进行标注。

第二十七条 核发环保部门收到排污单位提交的申请材料后，对材料的完整性、规范性进行审查，按照下列情形分别作出处理：

（一）依照本办法不需要取得排污许可证的，应当当场或者在五个工作日内告知排污单位不需要办理；

（二）不属于本行政机关职权范围的，应当当场或者在五个工作日内作出不予受理的决定，并告知排污单位向有核发权限的部门申请；

（三）申请材料不齐全或者不符合规定的，应当当场或者在五个工作日内出具告知单，告知排污单位需要补正的全部材料，可以当场更正的，应当允许排污单位当场更正；

（四）属于本行政机关职权范围，申请材料齐全、符合规定，或者排污单位按照要求提交全部补正申请材料的，应当受理。

核发环保部门应当在全国排污许可证管理信息平台上作出受理或者不予受理排污许可证申请的决定，同时向排污单位出具加盖本行政机关专用印章和注明日期的受理单或者不予受理告知单。

核发环保部门应当告知排污单位需要补正的材料，但逾期不告知的，自收到书面申请材料之日起即视为受理。

第二十八条 对存在下列情形之一的，核发环保部门不予核发排污许可证：

（一）位于法律法规规定禁止建设区域内的；

（二）属于国务院经济综合宏观调控部门会同国务院有关部门发布的产业政策目录中明令淘汰或者立即淘汰的落后生产工艺装备、落后产品的；

（三）法律法规规定不予许可的其他情形。

第二十九条 核发环保部门应当对排污单位的申请材料进行审核，对满足下列条件的排污单位核发排污许可证：

（一）依法取得建设项目环境影响评价文件审批意见，或者按照有关规定经地方人民政府依法处理、整顿规范并符合要求的相关证明材料；

（二）采用的污染防治设施或者措施有能力达到许可排放浓度要求；

（三）排放浓度符合本办法第十六条规定，排放量符合本办法第十七条规定；

（四）自行监测方案符合相关技术规范；

（五）本办法实施后的新建、改建、扩建项目排污单位存在通过污染物排放等量或者减量替代削减获得重点污染物排放总量控制指标情况的，出让重点污染物排放总量控制指标的排污单位已完成排污许可证变更。

第三十条 对采用相应污染防治可行技术的，或者新建、改建、扩建建设项目排污单位采用环境影响评价审批意见要求的污染治理技术的，核发环保部门可以认为排污单位采用的污染防治设施或者措施有能力达到许可排放浓度要求。

不符合前款情形的，排污单位可以通过提供监测数据予以证明。监测数据应当通过使用符合国家有关环境监测、计量认证规定和技术规范的监测设备取得；对于国内首次采用的污染治理技术，应当提供工程试验数据予以证明。

环境保护部依据全国排污许可证执行情况，适时修订污染防治可行技术指南。

第三十一条 核发环保部门应当自受理申请之日起二十个工作日内作出是否准予许可的决定。自作出准予许可决定之日起十个工作日内，核发环保部门向排污单位发放加盖本行政机关印章的排污许可证。

核发环保部门在二十个工作日内不能作出决定的，经本部门负责人批准，可以延长十个工作日，并将延长期限的理由告知排污单位。

依法需要听证、检验、检测和专家评审的，所需时间不计算在本条所规定的期限内。核发环保部门应当将所需时间书面告知排污单位。

第三十二条 核发环保部门作出准予许可决定的，须向全国排污许可证管理信息平台提交审核结果，获取全国统一的排污许可证编码。

核发环保部门作出准予许可决定的，应当将排污许可证正本以及副本中基本信息、许可事项及承诺书在全国排污许可证管理信息平台上公告。

核发环保部门作出不予许可决定的，应当制作不予许可决定书，书面告知排污单位不予许可的理由，以及依法申请行政复议或者提起行政诉讼的权利，并在全国排污许可证管理信息平台上公告。

第四章 实施与监管

第三十三条 禁止涂改排污许可证。禁止以出租、出借、买卖或者其他方式非法转让排污许可证。排污单位应当在生产经营场所内方便公众监督的位置悬挂排污许可证正本。

第三十四条 排污单位应当按照排污许可证规定，安装或者使用符合国家有关环境监测、计量认证规定的监测设备，按照规定维护监测设施，开展自行监测，保存原始监测记录。

实施排污许可重点管理的排污单位，应当按照排污许可证规定安装自动监测设备，并与环境保护主管部门的监控设备联网。

对未采用污染防治可行技术的，应当加强自行监测，评估污染防治技术达标可行性。

第三十五条 排污单位应当按照排污许可证中关于台账记录的要求，根据生产特点和污染物排放特点，按照排污口或者无组织排放源进行记录。记录主要包括以下内容：

（一）与污染物排放相关的主要生产设施运行情况；发生异常情况的，应当记录原因和采取的措施；

（二）污染防治设施运行情况及管理信息；发生异常情况的，应当记录原因和采取的措施；

（三）污染物实际排放浓度和排放量；发生超标排放情况的，应当记录超标原因和采取的措施；

（四）其他按照相关技术规范应当记录的信息。

台账记录保存期限不少于三年。

第三十六条 污染物实际排放量按照排污许可证规定的废气、污水的排污口、生产设施或者车间分别计算，依照下列方法和

顺序计算:

(一)依法安装使用了符合国家规定和监测规范的污染物自动监测设备的,按照污染物自动监测数据计算;

(二)依法不需安装污染物自动监测设备的,按照符合国家规定和监测规范的污染物手工监测数据计算;

(三)不能按照本条第一项、第二项规定的方法计算的,包括依法应当安装而未安装污染物自动监测设备或者自动监测设备不符合规定的,按照环境保护部规定的产排污系数、物料衡算方法计算。

第三十七条 排污单位应当按照排污许可证规定的关于执行报告内容和频次的要求,编制排污许可证执行报告。

排污许可证执行报告包括年度执行报告、季度执行报告和月执行报告。

排污单位应当每年在全国排污许可证管理信息平台上填报、提交排污许可证年度执行报告并公开,同时向核发环保部门提交通过全国排污许可证管理信息平台印制的书面执行报告。书面执行报告应当由法定代表人或者主要负责人签字或者盖章。

季度执行报告和月执行报告至少应当包括以下内容:

(一)根据自行监测结果说明污染物实际排放浓度和排放量及达标判定分析;

(二)排污单位超标排放或者污染防治设施异常情况的说明。

年度执行报告可以替代当季度或者当月的执行报告,并增加以下内容:

(一)排污单位基本生产信息;

(二)污染防治设施运行情况;

(三)自行监测执行情况;

(四)环境管理台账记录执行情况;

(五)信息公开情况;

(六)排污单位内部环境管理体系建设与运行情况;

（七）其他排污许可证规定的内容执行情况等。

建设项目竣工环境保护验收报告中与污染物排放相关的主要内容，应当由排污单位记载在该项目验收完成当年排污许可证年度执行报告中。

排污单位发生污染事故排放时，应当依照相关法律法规规章的规定及时报告。

第三十八条 排污单位应当对提交的台账记录、监测数据和执行报告的真实性、完整性负责，依法接受环境保护主管部门的监督检查。

第三十九条 环境保护主管部门应当制定执法计划，结合排污单位环境信用记录，确定执法监管重点和检查频次。

环境保护主管部门对排污单位进行监督检查时，应当重点检查排污许可证规定的许可事项的实施情况。通过执法监测、核查台账记录和自动监测数据以及其他监控手段，核实排污数据和执行报告的真实性，判定是否符合许可排放浓度和许可排放量，检查环境管理要求落实情况。

环境保护主管部门应当将现场检查的时间、内容、结果以及处罚决定记入全国排污许可证管理信息平台，依法在全国排污许可证管理信息平台上公布监管执法信息、无排污许可证和违反排污许可证规定排污的排污单位名单。

第四十条 环境保护主管部门可以通过政府购买服务的方式，组织或者委托技术机构提供排污许可管理的技术支持。

技术机构应当对其提交的技术报告负责，不得收取排污单位任何费用。

第四十一条 上级环境保护主管部门可以对具有核发权限的下级环境保护主管部门的排污许可证核发情况进行监督检查和指导，发现属于本办法第四十九条规定违法情形的，上级环境保护主管部门可以依法撤销。

第四十二条 鼓励社会公众、新闻媒体等对排污单位的排污行为进行监督。排污单位应当及时公开有关排污信息，自觉接受公众监督。

公民、法人和其他组织发现排污单位有违反本办法行为的，有权向环境保护主管部门举报。

接受举报的环境保护主管部门应当依法处理，并按照有关规定对调查结果予以反馈，同时为举报人保密。

第五章　变更、延续、撤销

第四十三条　在排污许可证有效期内，下列与排污单位有关的事项发生变化的，排污单位应当在规定时间内向核发环保部门提出变更排污许可证的申请：

（一）排污单位名称、地址、法定代表人或者主要负责人等正本中载明的基本信息发生变更之日起三十个工作日内；

（二）因排污单位原因许可事项发生变更之日前三十个工作日内；

（三）排污单位在原场址内实施新建、改建、扩建项目应当开展环境影响评价的，在取得环境影响评价审批意见后，排污行为发生变更之日前三十个工作日内；

（四）新制修订的国家和地方污染物排放标准实施前三十个工作日内；

（五）依法分解落实的重点污染物排放总量控制指标发生变化后三十个工作日内；

（六）地方人民政府依法制定的限期达标规划实施前三十个工作日内；

（七）地方人民政府依法制定的重污染天气应急预案实施后三十个工作日内；

（八）法律法规规定需要进行变更的其他情形。

发生本条第一款第三项规定情形，且通过污染物排放等量或者减量替代削减获得重点污染物排放总量控制指标的，在排污单位提交变更排污许可申请前，出让重点污染物排放总量控制指标的排污单位应当完成排污许可证变更。

第四十四条 申请变更排污许可证的，应当提交下列申请材料：

（一）变更排污许可证申请；

（二）由排污单位法定代表人或者主要负责人签字或者盖章的承诺书；

（三）排污许可证正本复印件；

（四）与变更排污许可事项有关的其他材料。

第四十五条 核发环保部门应当对变更申请材料进行审查，作出变更决定的，在排污许可证副本中载明变更内容并加盖本行政机关印章，同时在全国排污许可证管理信息平台上公告；属于本办法第四十三条第一款第一项情形的，还应当换发排污许可证正本。

属于本办法第四十三条第一款规定情形的，排污许可证期限仍自原证书核发之日起计算；属于本办法第四十三条第二款情形的，变更后排污许可证期限自变更之日起计算。

属于本办法第四十三条第一款第一项情形的，核发环保部门应当自受理变更申请之日起十个工作日内作出变更决定；属于本办法第四十三条第一款规定的其他情形的，应当自受理变更申请之日起二十个工作日内作出变更许可决定。

第四十六条 排污单位需要延续依法取得的排污许可证的有效期的，应当在排污许可证届满三十个工作日前向原核发环保部门提出申请。

第四十七条 申请延续排污许可证的，应当提交下列材料：

（一）延续排污许可证申请；

（二）由排污单位法定代表人或者主要负责人签字或者盖章的承诺书；

（三）排污许可证正本复印件；

（四）与延续排污许可事项有关的其他材料。

第四十八条 核发环保部门应当按照本办法第二十九条规定对延续申请材料进行审查，并自受理延续申请之日起二十个工作日内作出延续或者不予延续许可决定。

作出延续许可决定的，向排污单位发放加盖本行政机关印章的排污许可证，收回原排污许可证正本，同时在全国排污许可证管理信息平台上公告。

第四十九条 有下列情形之一的，核发环保部门或者其上级行政机关，可以撤销排污许可证并在全国排污许可证管理信息平台上公告：

（一）超越法定职权核发排污许可证的；

（二）违反法定程序核发排污许可证的；

（三）核发环保部门工作人员滥用职权、玩忽职守核发排污许可证的；

（四）对不具备申请资格或者不符合法定条件的申请人准予行政许可的；

（五）依法可以撤销排污许可证的其他情形。

第五十条 有下列情形之一的，核发环保部门应当依法办理排污许可证的注销手续，并在全国排污许可证管理信息平台上公告：

（一）排污许可证有效期届满，未延续的；

（二）排污单位被依法终止的；

（三）应当注销的其他情形。

第五十一条 排污许可证发生遗失、损毁的，排污单位应当在三十个工作日内向核发环保部门申请补领排污许可证；遗失排污许可证的，在申请补领前应当在全国排污许可证管理信息平台上发布遗失声明；损毁排污许可证的，应当同时交回被损毁的排污许可证。

核发环保部门应当在收到补领申请后十个工作日内补发排污许可证,并在全国排污许可证管理信息平台上公告。

第六章 法律责任

第五十二条 环境保护主管部门在排污许可证受理、核发及监管执法中有下列行为之一的,由其上级行政机关或者监察机关责令改正,对直接负责的主管人员或者其他直接责任人员依法给予行政处分;构成犯罪的,依法追究刑事责任:

(一)符合受理条件但未依法受理申请的;

(二)对符合许可条件的不依法准予核发排污许可证或者未在法定时限内作出准予核发排污许可证决定的;

(三)对不符合许可条件的准予核发排污许可证或者超越法定职权核发排污许可证的;

(四)实施排污许可证管理时擅自收取费用的;

(五)未依法公开排污许可相关信息的;

(六)不依法履行监督职责或者监督不力,造成严重后果的;

(七)其他应当依法追究责任的情形。

第五十三条 排污单位隐瞒有关情况或者提供虚假材料申请行政许可的,核发环保部门不予受理或者不予行政许可,并给予警告。

第五十四条 违反本办法第四十三条规定,未及时申请变更排污许可证的;或者违反本办法第五十一条规定,未及时补办排污许可证的,由核发环保部门责令改正。

第五十五条 重点排污单位未依法公开或者不如实公开有关环境信息的,由县级以上环境保护主管部门责令公开,依法处以罚款,并予以公告。

第五十六条 违反本办法第三十四条,有下列行为之一的,由县级以上环境保护主管部门依据《中华人民共和国大气污染防治法》《中华人民共和国水污染防治法》的规定，责令改正，处二万元以上二十万元以下的罚款；拒不改正的，依法责令停产整治：

（一）未按照规定对所排放的工业废气和有毒有害大气污染物、水污染物进行监测，或者未保存原始监测记录的；

（二）未按照规定安装大气污染物、水污染物自动监测设备，或者未按照规定与环境保护主管部门的监控设备联网，或者未保证监测设备正常运行的。

第五十七条 排污单位存在以下无排污许可证排放污染物情形的，由县级以上环境保护主管部门依据《中华人民共和国大气污染防治法》《中华人民共和国水污染防治法》的规定，责令改正或者责令限制生产、停产整治，并处十万元以上一百万元以下的罚款；情节严重的，报经有批准权的人民政府批准，责令停业、关闭：

（一）依法应当申请排污许可证但未申请，或者申请后未取得排污许可证排放污染物的；

（二）排污许可证有效期限届满后未申请延续排污许可证，或者延续申请未经核发环保部门许可仍排放污染物的；

（三）被依法撤销排污许可证后仍排放污染物的；

（四）法律法规规定的其他情形。

第五十八条 排污单位存在以下违反排污许可证行为的，由县级以上环境保护主管部门依据《中华人民共和国环境保护法》《中华人民共和国大气污染防治法》《中华人民共和国水污染防治法》的规定，责令改正或者责令限制生产、停产整治，并处十万元以上一百万元以下的罚款；情节严重的，报经有批准权的人民政府批准，责令停业、关闭：

（一）超过排放标准或者超过重点大气污染物、重点水污染物排放总量控制指标排放水污染物、大气污染物的；

（二）通过偷排、篡改或者伪造监测数据、以逃避现场检查为目的的临时停产、非紧急情况下开启应急排放通道、不正常运行大气污染防治设施等逃避监管的方式排放大气污染物的；

（三）利用渗井、渗坑、裂隙、溶洞，私设暗管，篡改、伪造监测数据，或者不正常运行水污染防治设施等逃避监管的方式排放水污染物的；

（四）其他违反排污许可证规定排放污染物的。

第五十九条 排污单位违法排放大气污染物、水污染物，受到罚款处罚，被责令改正的，依法作出处罚决定的行政机关组织复查，发现其继续违法排放大气污染物、水污染物或者拒绝、阻挠复查的，作出处罚决定的行政机关可以自责令改正之日的次日起，依法按照原处罚数额按日连续处罚。

第六十条 排污单位发生本办法第三十五条第一款第二、三项或者第三十七条第四款第二项规定的异常情况，及时报告核发环保部门，且主动采取措施消除或者减轻违法行为危害后果的，县级以上环境保护主管部门应当依据《中华人民共和国行政处罚法》相关规定从轻处罚。

排污单位应当在相应季度执行报告或者月执行报告中记载本条第一款情况。

第七章 附 则

第六十一条 依照本办法首次发放排污许可证时，对于在本办法实施前已经投产、运营的排污单位，存在以下情形之一，排污单位承诺改正并提出改正方案的，环境保护主管部门可以向其核发排污许可证，并在排污许可证中记载其存在的问题，规定其承诺改正内容和承诺改正期限：

（一）在本办法实施前的新建、改建、扩建建设项目不符合本办法第二十九条第一项条件；

（二）不符合本办法第二十九条第二项条件。

对于不符合本办法第二十九条第一项条件的排污单位，由核发环保部门依据《建设项目环境保护管理条例》第二十三条，责令限期改正,并处罚款。

对于不符合本办法第二十九条第二项条件的排污单位,由核发环保部门依据《中华人民共和国大气污染防治法》第九十九条或者《中华人民共和国水污染防治法》第八十三条,责令改正或者责令限制生产、停产整治,并处罚款。

本条第二款、第三款规定的核发环保部门责令改正内容或者限制生产、停产整治内容,应当与本条第一款规定的排污许可证规定的改正内容一致;本条第二款、第三款规定的核发环保部门责令改正期限或者限制生产、停产整治期限,应当与本条第一款规定的排污许可证规定的改正期限的起止时间一致。

本条第一款规定的排污许可证规定的改正期限为三至六个月、最长不超过一年。

在改正期间或者限制生产、停产整治期间,排污单位应当按证排污,执行自行监测、台账记录和执行报告制度,核发环保部门应当按照排污许可证的规定加强监督检查。

第六十二条 本办法第六十一条第一款规定的排污许可证规定的改正期限到期,排污单位完成改正任务或者提前完成改正任务的,可以向核发环保部门申请变更排污许可证,核发环保部门应当按照本办法第五章规定对排污许可证进行变更。

本办法第六十一条第一款规定的排污许可证规定的改正期限到期,排污单位仍不符合许可条件的,由核发环保部门依据《中华人民共和国大气污染防治法》第九十九条或者《中华人民共和国水污染防治法》第八十三条或者《建设项目环境保护管理条例》第二十三条的规定,提出建议报有批准权的人民政府批准责令停业、关闭,并按照本办法第五十条规定注销排污许可证。

第六十三条 对于本办法实施前依据地方性法规核发的排污许可证,尚在有效期内的,原核发环保部门应当在全国排污许可证管理信息平台填报数据,获取排污许可证编码;已经到期的,排污单位应当按照本办法申请排污许可证。

第六十四条 本办法第十二条规定的排污许可证格式、第二十条规定的承诺书样本和本办法第二十六条规定的排污许可证申请表格式，由环境保护部制定。

第六十五条 本办法所称排污许可，是指环境保护主管部门根据排污单位的申请和承诺，通过发放排污许可证法律文书形式，依法依规规范和限制排污行为，明确环境管理要求，依据排污许可证对排污单位实施监管执法的环境管理制度。

第六十六条 本办法所称主要负责人是指依照法律、行政法规规定代表非法人单位行使职权的负责人。

第六十七条 涉及国家秘密的排污单位，其排污许可证的申请、受理、审核、发放、变更、延续、注销、撤销、遗失补办应当按照保密规定执行。

第六十八条 本办法自发布之日起施行。

国家旅游局　商务部关于废止《香港和澳门服务提供者在广东省设立旅行社申请审批办法》的决定

（2018年2月5日国家旅游局、商务部令第45号公布　自公布之日起生效　国法备字[2018000431]）

为深入推进简政放权、放管结合、优化服务改革，确保各项改革措施有效落实，根据《国务院办公厅关于进一步做好“放管服”改革涉及的规章、规范性文件清理工作的通知》（国办发〔2017〕40号）、《国务院法制办公室关于做好法规清理工作的函》（国法函〔2017〕84号）的要求，国家旅游局、商务部决定废止2008年12月25日国家旅游局、商务部令第29号公布，自2009年1月1日起施行的《香港和澳门服务提供者在广东省设立旅行社申请审批办法》。

本决定自公布之日起生效。

中国人民银行关于废止《外商投资企业外汇登记管理暂行办法》等5件规章的决定

（2018年2月8日中国人民银行令〔2018〕第1号公布　国法备字〔2018000435〕）

根据《国务院办公厅关于进一步做好“放管服”改革涉及的规章、规范性文件清理工作的通知》（国办发〔2017〕40号）要求，中国人民银行对2017年12月31日前发布的规章进行了全面清理。现决定：

一、废止《外商投资企业外汇登记管理暂行办法》（（96）汇资函字第187号文印发）等5件规章（见附件1）。

二、《中华人民共和国金银管理条例施行细则》（（83）银发字第381号）等61件规章（见附件2）继续有效。

附件1

废止的规章目录

（共5件）

一、外商投资企业外汇登记管理暂行办法（（96）汇资函字第187号文印发）

二、境内机构外币现钞收付管理暂行办法（（96）汇管函字第211号文印发）

三、有价单证及重要空白凭证管理办法(银发〔1997〕163 号文印发)

四、国内信用证结算办法(银发〔1997〕265 号文印发)

五、装帧流通人民币管理办法(中国人民银行令〔2005〕第 4 号发布,中国人民银行令〔2016〕第 1 号修订)

附件 2　略

司法解释

最高人民法院关于适用《中华人民共和国行政诉讼法》的解释

（2017年11月13日最高人民法院审判委员会第1726次会议通过　2018年2月6日最高人民法院公告公布　自2018年2月8日起施行　法释〔2018〕1号）

为正确适用《中华人民共和国行政诉讼法》（以下简称行政诉讼法），结合人民法院行政审判工作实际，制定本解释。

一、受案范围

第一条　公民、法人或者其他组织对行政机关及其工作人员的行政行为不服，依法提起诉讼的，属于人民法院行政诉讼的受案范围。

下列行为不属于人民法院行政诉讼的受案范围：

（一）公安、国家安全等机关依照刑事诉讼法的明确授权实施的行为；

（二）调解行为以及法律规定的仲裁行为；

（三）行政指导行为；

（四）驳回当事人对行政行为提起申诉的重复处理行为；

（五）行政机关作出的不产生外部法律效力的行为；

（六）行政机关为作出行政行为而实施的准备、论证、研究、层报、咨询等过程性行为；

（七）行政机关根据人民法院的生效裁判、协助执行通知书作出的执行行为，但行政机关扩大执行范围或者采取违法方式实施的除外；

（八）上级行政机关基于内部层级监督关系对下级行政机关作出的听取报告、执法检查、督促履责等行为；

（九）行政机关针对信访事项作出的登记、受理、交办、转送、复查、复核意见等行为；

（十）对公民、法人或者其他组织权利义务不产生实际影响的行为。

第二条 行政诉讼法第十三条第一项规定的“国家行为”，是指国务院、中央军事委员会、国防部、外交部等根据宪法和法律的授权，以国家的名义实施的有关国防和外交事务的行为，以及经宪法和法律授权的国家机关宣布紧急状态等行为。

行政诉讼法第十三条第二项规定的“具有普遍约束力的决定、命令”，是指行政机关针对不特定对象发布的能反复适用的规范性文件。

行政诉讼法第十三条第三项规定的“对行政机关工作人员的奖惩、任免等决定”，是指行政机关作出的涉及行政机关工作人员公务员权利义务的决定。

行政诉讼法第十三条第四项规定的“法律规定由行政机关最终裁决的行政行为”中的“法律”，是指全国人民代表大会及其常务委员会制定、通过的规范性文件。

二、管　　辖

第三条 各级人民法院行政审判庭审理行政案件和审查行政机关申请执行其行政行为的案件。

专门人民法院、人民法庭不审理行政案件，也不审查和执行行政机关申请执行其行政行为的案件。铁路运输法院等专门人民法院审理行政案件，应当执行行政诉讼法第十八条第二款的规定。

第四条 立案后，受诉人民法院的管辖权不受当事人住所地改变、追加被告等事实和法律状态变更的影响。

第五条 有下列情形之一的，属于行政诉讼法第十五条第三项规定的“本辖区内重大、复杂的案件”：

（一）社会影响重大的共同诉讼案件；

（二）涉外或者涉及香港特别行政区、澳门特别行政区、台湾地区的案件；

（三）其他重大、复杂案件。

第六条 当事人以案件重大复杂为由，认为有管辖权的基层人民法院不宜行使管辖权或者根据行政诉讼法第五十二条的规定，向中级人民法院起诉，中级人民法院应当根据不同情况在七日内分别作出以下处理：

（一）决定自行审理；

（二）指定本辖区其他基层人民法院管辖；

（三）书面告知当事人向有管辖权的基层人民法院起诉。

第七条 基层人民法院对其管辖的第一审行政案件，认为需要由中级人民法院审理或者指定管辖的，可以报请中级人民法院决定。中级人民法院应当根据不同情况在七日内分别作出以下处理：

（一）决定自行审理；

（二）指定本辖区其他基层人民法院管辖；

（三）决定由报请的人民法院审理。

第八条 行政诉讼法第十九条规定的“原告所在地”，包括原告的户籍所在地、经常居住地和被限制人身自由地。

对行政机关基于同一事实，既采取限制公民人身自由的行政强制措施，又采取其他行政强制措施或者行政处罚不服的，由被告所在地或者原告所在地的人民法院管辖。

第九条 行政诉讼法第二十条规定的“因不动产提起的行政

诉讼”是指因行政行为导致不动产物权变动而提起的诉讼。

不动产已登记的,以不动产登记簿记载的所在地为不动产所在地;不动产未登记的,以不动产实际所在地为不动产所在地。

第十条 人民法院受理案件后,被告提出管辖异议的,应当在收到起诉状副本之日起十五日内提出。

对当事人提出的管辖异议,人民法院应当进行审查。异议成立的,裁定将案件移送有管辖权的人民法院;异议不成立的,裁定驳回。

人民法院对管辖异议审查后确定有管辖权的,不因当事人增加或者变更诉讼请求等改变管辖,但违反级别管辖、专属管辖规定的除外。

第十一条 有下列情形之一的,人民法院不予审查:

(一)人民法院发回重审或者按第一审程序再审的案件,当事人提出管辖异议的;

(二)当事人在第一审程序中未按照法律规定的期限和形式提出管辖异议,在第二审程序中提出的。

三、诉讼参加人

第十二条 有下列情形之一的,属于行政诉讼法第二十五条第一款规定的“与行政行为有利害关系”:

(一)被诉的行政行为涉及其相邻权或者公平竞争权的;

(二)在行政复议等行政程序中被追加为第三人的;

(三)要求行政机关依法追究加害人法律责任的;

(四)撤销或者变更行政行为涉及其合法权益的;

(五)为维护自身合法权益向行政机关投诉,具有处理投诉职责的行政机关作出或者未作出处理的;

(六)其他与行政行为有利害关系的情形。

第十三条 债权人以行政机关对债务人所作的行政行为损害

债权实现为由提起行政诉讼的，人民法院应当告知其就民事争议提起民事诉讼，但行政机关作出行政行为时依法应予保护或者应予考虑的除外。

第十四条 行政诉讼法第二十五条第二款规定的"近亲属"，包括配偶、父母、子女、兄弟姐妹、祖父母、外祖父母、孙子女、外孙子女和其他具有扶养、赡养关系的亲属。

公民因被限制人身自由而不能提起诉讼的，其近亲属可以依其口头或者书面委托以该公民的名义提起诉讼。近亲属起诉时无法与被限制人身自由的公民取得联系，近亲属可以先行起诉，并在诉讼中补充提交委托证明。

第十五条 合伙企业向人民法院提起诉讼的，应当以核准登记的字号为原告。未依法登记领取营业执照的个人合伙的全体合伙人为共同原告；全体合伙人可以推选代表人，被推选的代表人，应当由全体合伙人出具推选书。

个体工商户向人民法院提起诉讼的，以营业执照上登记的经营者为原告。有字号的，以营业执照上登记的字号为原告，并应当注明该字号经营者的基本信息。

第十六条 股份制企业的股东大会、股东会、董事会等认为行政机关作出的行政行为侵犯企业经营自主权的，可以企业名义提起诉讼。

联营企业、中外合资或者合作企业的联营、合资、合作各方，认为联营、合资、合作企业权益或者自己一方合法权益受行政行为侵害的，可以自己的名义提起诉讼。

非国有企业被行政机关注销、撤销、合并、强令兼并、出售、分立或者改变企业隶属关系的，该企业或者其法定代表人可以提起诉讼。

第十七条 事业单位、社会团体、基金会、社会服务机构等非营利法人的出资人、设立人认为行政行为损害法人合法权益的，可以自己的名义提起诉讼。

第十八条 业主委员会对于行政机关作出的涉及业主共有利益的行政行为,可以自己的名义提起诉讼。

业主委员会不起诉的,专有部分占建筑物总面积过半数或者占总户数过半数的业主可以提起诉讼。

第十九条 当事人不服经上级行政机关批准的行政行为,向人民法院提起诉讼的,以在对外发生法律效力的文书上署名的机关为被告。

第二十条 行政机关组建并赋予行政管理职能但不具有独立承担法律责任能力的机构,以自己的名义作出行政行为,当事人不服提起诉讼的,应当以组建该机构的行政机关为被告。

法律、法规或者规章授权行使行政职权的行政机关内设机构、派出机构或者其他组织,超出法定授权范围实施行政行为,当事人不服提起诉讼的,应当以实施该行为的机构或者组织为被告。

没有法律、法规或者规章规定,行政机关授权其内设机构、派出机构或者其他组织行使行政职权的,属于行政诉讼法第二十六条规定的委托。当事人不服提起诉讼的,应当以该行政机关为被告。

第二十一条 当事人对由国务院、省级人民政府批准设立的开发区管理机构作出的行政行为不服提起诉讼的,以该开发区管理机构为被告;对由国务院、省级人民政府批准设立的开发区管理机构所属职能部门作出的行政行为不服提起诉讼的,以其职能部门为被告;对其他开发区管理机构所属职能部门作出的行政行为不服提起诉讼的,以开发区管理机构为被告;开发区管理机构没有行政主体资格的,以设立该机构的地方人民政府为被告。

第二十二条 行政诉讼法第二十六条第二款规定的"复议机关改变原行政行为",是指复议机关改变原行政行为的处理结果。复议机关改变原行政行为所认定的主要事实和证据、改变原行政行为所适用的规范依据,但未改变原行政行为处理结果的,视为复议机关维持原行政行为。

复议机关确认原行政行为无效，属于改变原行政行为。

复议机关确认原行政行为违法，属于改变原行政行为，但复议机关以违反法定程序为由确认原行政行为违法的除外。

第二十三条 行政机关被撤销或者职权变更，没有继续行使其职权的行政机关的，以其所属的人民政府为被告；实行垂直领导的，以垂直领导的上一级行政机关为被告。

第二十四条 当事人对村民委员会或者居民委员会依据法律、法规、规章的授权履行行政管理职责的行为不服提起诉讼的，以村民委员会或者居民委员会为被告。

当事人对村民委员会、居民委员会受行政机关委托作出的行为不服提起诉讼的，以委托的行政机关为被告。

当事人对高等学校等事业单位以及律师协会、注册会计师协会等行业协会依据法律、法规、规章的授权实施的行政行为不服提起诉讼的，以该事业单位、行业协会为被告。

当事人对高等学校等事业单位以及律师协会、注册会计师协会等行业协会受行政机关委托作出的行为不服提起诉讼的，以委托的行政机关为被告。

第二十五条 市、县级人民政府确定的房屋征收部门组织实施房屋征收与补偿工作过程中作出行政行为，被征收人不服提起诉讼的，以房屋征收部门为被告。

征收实施单位受房屋征收部门委托，在委托范围内从事的行为，被征收人不服提起诉讼的，应当以房屋征收部门为被告。

第二十六条 原告所起诉的被告不适格，人民法院应当告知原告变更被告；原告不同意变更的，裁定驳回起诉。

应当追加被告而原告不同意追加的，人民法院应当通知其以第三人的身份参加诉讼，但行政复议机关作共同被告的除外。

第二十七条 必须共同进行诉讼的当事人没有参加诉讼的，人民法院应当依法通知其参加；当事人也可以向人民法院申请参加。

人民法院应当对当事人提出的申请进行审查，申请理由不成立的，裁定驳回；申请理由成立的，书面通知其参加诉讼。

前款所称的必须共同进行诉讼，是指按照行政诉讼法第二十七条的规定，当事人一方或者双方为两人以上，因同一行政行为发生行政争议，人民法院必须合并审理的诉讼。

第二十八条 人民法院追加共同诉讼的当事人时，应当通知其他当事人。应当追加的原告，已明确表示放弃实体权利的，可不予追加；既不愿意参加诉讼，又不放弃实体权利的，应追加为第三人，其不参加诉讼，不能阻碍人民法院对案件的审理和裁判。

第二十九条 行政诉讼法第二十八条规定的"人数众多"，一般指十人以上。

根据行政诉讼法第二十八条的规定，当事人一方人数众多的，由当事人推选代表人。当事人推选不出的，可以由人民法院在起诉的当事人中指定代表人。

行政诉讼法第二十八条规定的代表人为二至五人。代表人可以委托一至二人作为诉讼代理人。

第三十条 行政机关的同一行政行为涉及两个以上利害关系人，其中一部分利害关系人对行政行为不服提起诉讼，人民法院应当通知没有起诉的其他利害关系人作为第三人参加诉讼。

与行政案件处理结果有利害关系的第三人，可以申请参加诉讼，或者由人民法院通知其参加诉讼。人民法院判决其承担义务或者减损其权益的第三人，有权提出上诉或者申请再审。

行政诉讼法第二十九条规定的第三人，因不能归责于本人的事由未参加诉讼，但有证据证明发生法律效力的判决、裁定、调解书损害其合法权益的，可以依照行政诉讼法第九十条的规定，自知道或者应当知道其合法权益受到损害之日起六个月内，向上一级人民法院申请再审。

第三十一条 当事人委托诉讼代理人，应当向人民法院提交由委托人签名或者盖章的授权委托书。委托书应当载明委托事项和具体权限。公民在特殊情况下无法书面委托的，也可以由他人代书，并由自己捺印等方式确认，人民法院应当核实并记录在卷；被诉行政机关或者其他有义务协助的机关拒绝人民法院向被限制人身自由的公民核实的，视为委托成立。当事人解除或者变更委托的，应当书面报告人民法院。

第三十二条 依照行政诉讼法第三十一条第二款第二项规定，与当事人有合法劳动人事关系的职工，可以当事人工作人员的名义作为诉讼代理人。以当事人的工作人员身份参加诉讼活动，应当提交以下证据之一加以证明：

（一）缴纳社会保险记录凭证；

（二）领取工资凭证；

（三）其他能够证明其为当事人工作人员身份的证据。

第三十三条 根据行政诉讼法第三十一条第二款第三项规定，有关社会团体推荐公民担任诉讼代理人的，应当符合下列条件：

（一）社会团体属于依法登记设立或者依法免予登记设立的非营利性法人组织；

（二）被代理人属于该社会团体的成员，或者当事人一方住所地位于该社会团体的活动地域；

（三）代理事务属于该社会团体章程载明的业务范围；

（四）被推荐的公民是该社会团体的负责人或者与该社会团体有合法劳动人事关系的工作人员。

专利代理人经中华全国专利代理人协会推荐，可以在专利行政案件中担任诉讼代理人。

四、证　　据

第三十四条 根据行政诉讼法第三十六条第一款的规定，被告申请延期提供证据的，应当在收到起诉状副本之日起十五日内以书面方式向人民法院提出。人民法院准许延期提供的，被告应当在正当事由消除后十五日内提供证据。逾期提供的，视为被诉行政行为没有相应的证据。

第三十五条 原告或者第三人应当在开庭审理前或者人民法院指定的交换证据清单之日提供证据。因正当事由申请延期提供证据的，经人民法院准许，可以在法庭调查中提供。逾期提供证据的，人民法院应当责令其说明理由；拒不说明理由或者理由不成立的，视为放弃举证权利。

原告或者第三人在第一审程序中无正当事由未提供而在第二审程序中提供的证据，人民法院不予接纳。

第三十六条 当事人申请延长举证期限，应当在举证期限届满前向人民法院提出书面申请。

申请理由成立的，人民法院应当准许，适当延长举证期限，并通知其他当事人。申请理由不成立的，人民法院不予准许，并通知申请人。

第三十七条 根据行政诉讼法第三十九条的规定，对当事人无争议，但涉及国家利益、公共利益或者他人合法权益的事实，人民法院可以责令当事人提供或者补充有关证据。

第三十八条 对于案情比较复杂或者证据数量较多的案件，人民法院可以组织当事人在开庭前向对方出示或者交换证据，并将交换证据清单的情况记录在卷。

当事人在庭前证据交换过程中没有争议并记录在卷的证据，经审判人员在庭审中说明后，可以作为认定案件事实的依据。

第三十九条 当事人申请调查收集证据，但该证据与待证事实无关联、对证明待证事实无意义或者其他无调查收集必要的，人民法院不予准许。

第四十条 人民法院在证人出庭作证前应当告知其如实作证的义务以及作伪证的法律后果。

证人因履行出庭作证义务而支出的交通、住宿、就餐等必要费用以及误工损失，由败诉一方当事人承担。

第四十一条　有下列情形之一，原告或者第三人要求相关行政执法人员出庭说明的，人民法院可以准许：

（一）对现场笔录的合法性或者真实性有异议的；

（二）对扣押财产的品种或者数量有异议的；

（三）对检验的物品取样或者保管有异议的；

（四）对行政执法人员身份的合法性有异议的；

（五）需要出庭说明的其他情形。

第四十二条　能够反映案件真实情况、与待证事实相关联、来源和形式符合法律规定的证据，应当作为认定案件事实的根据。

第四十三条　有下列情形之一的，属于行政诉讼法第四十三条第三款规定的“以非法手段取得的证据”：

（一）严重违反法定程序收集的证据材料；

（二）以违反法律强制性规定的手段获取且侵害他人合法权益的证据材料；

（三）以利诱、欺诈、胁迫、暴力等手段获取的证据材料。

第四十四条　人民法院认为有必要的，可以要求当事人本人或者行政机关执法人员到庭，就案件有关事实接受询问。在询问之前，可以要求其签署保证书。

保证书应当载明据实陈述、如有虚假陈述愿意接受处罚等内容。当事人或者行政机关执法人员应当在保证书上签名或者捺印。

负有举证责任的当事人拒绝到庭、拒绝接受询问或者拒绝签署保证书，待证事实又欠缺其他证据加以佐证的，人民法院对其主张的事实不予认定。

第四十五条　被告有证据证明其在行政程序中依照法定程序要求原告或者第三人提供证据，原告或者第三人依法应当提供而没有提供，在诉讼程序中提供的证据，人民法院一般不予采纳。

第四十六条　原告或者第三人确有证据证明被告持有的证据

对原告或者第三人有利的，可以在开庭审理前书面申请人民法院责令行政机关提交。

申请理由成立的，人民法院应当责令行政机关提交，因提交证据所产生的费用，由申请人预付。行政机关无正当理由拒不提交的，人民法院可以推定原告或者第三人基于该证据主张的事实成立。

持有证据的当事人以妨碍对方当事人使用为目的，毁灭有关证据或者实施其他致使证据不能使用行为的，人民法院可以推定对方当事人基于该证据主张的事实成立，并可依照行政诉讼法第五十九条规定处理。

第四十七条 根据行政诉讼法第三十八条第二款的规定，在行政赔偿、补偿案件中，因被告的原因导致原告无法就损害情况举证的，应当由被告就该损害情况承担举证责任。

对于各方主张损失的价值无法认定的，应当由负有举证责任的一方当事人申请鉴定，但法律、法规、规章规定行政机关在作出行政行为时依法应当评估或者鉴定的除外；负有举证责任的当事人拒绝申请鉴定的，由其承担不利的法律后果。

当事人的损失因客观原因无法鉴定的，人民法院应当结合当事人的主张和在案证据，遵循法官职业道德，运用逻辑推理和生活经验、生活常识等，酌情确定赔偿数额。

五、期间、送达

第四十八条 期间包括法定期间和人民法院指定的期间。

期间以时、日、月、年计算。期间开始的时和日，不计算在期间内。

期间届满的最后一日是节假日的，以节假日后的第一日为期间届满的日期。

期间不包括在途时间，诉讼文书在期满前交邮的，视为在期限内发送。

第四十九条　行政诉讼法第五十一条第二款规定的立案期限，因起诉状内容欠缺或者有其他错误通知原告限期补正的，从补正后递交人民法院的次日起算。由上级人民法院转交下级人民法院立案的案件，从受诉人民法院收到起诉状的次日起算。

第五十条　行政诉讼法第八十一条、第八十三条、第八十八条规定的审理期限，是指从立案之日起至裁判宣告、调解书送达之日止的期间，但公告期间、鉴定期间、调解期间、中止诉讼期间、审理当事人提出的管辖异议以及处理人民法院之间的管辖争议期间不应计算在内。

再审案件按照第一审程序或者第二审程序审理的，适用行政诉讼法第八十一条、第八十八条规定的审理期限。审理期限自再审立案的次日起算。

基层人民法院申请延长审理期限，应当直接报请高级人民法院批准，同时报中级人民法院备案。

第五十一条　人民法院可以要求当事人签署送达地址确认书，当事人确认的送达地址为人民法院法律文书的送达地址。

当事人同意电子送达的，应当提供并确认传真号、电子信箱等电子送达地址。

当事人送达地址发生变更的，应当及时书面告知受理案件的人民法院；未及时告知的，人民法院按原地址送达，视为依法送达。

人民法院可以通过国家邮政机构以法院专递方式进行送达。

第五十二条　人民法院可以在当事人住所地以外向当事人直接送达诉讼文书。当事人拒绝签署送达回证的，采用拍照、录像等方式记录送达过程即视为送达。审判人员、书记员应当在送达回证上注明送达情况并签名。

六、起诉与受理

第五十三条　人民法院对符合起诉条件的案件应当立案，依法保障当事人行使诉讼权利。

对当事人依法提起的诉讼,人民法院应当根据行政诉讼法第五十一条的规定接收起诉状。能够判断符合起诉条件的,应当当场登记立案;当场不能判断是否符合起诉条件的,应当在接收起诉状后七日内决定是否立案;七日内仍不能作出判断的,应当先予立案。

第五十四条 依照行政诉讼法第四十九条的规定,公民、法人或者其他组织提起诉讼时应当提交以下起诉材料:

(一)原告的身份证明材料以及有效联系方式;

(二)被诉行政行为或者不作为存在的材料;

(三)原告与被诉行政行为具有利害关系的材料;

(四)人民法院认为需要提交的其他材料。

由法定代理人或者委托代理人代为起诉的,还应当在起诉状中写明或者在口头起诉时向人民法院说明法定代理人或者委托代理人的基本情况,并提交法定代理人或者委托代理人的身份证明和代理权限证明等材料。

第五十五条 依照行政诉讼法第五十一条的规定,人民法院应当就起诉状内容和材料是否完备以及是否符合行政诉讼法规定的起诉条件进行审查。

起诉状内容或者材料欠缺的,人民法院应当给予指导和释明,并一次性全面告知当事人需要补正的内容、补充的材料及期限。在指定期限内补正并符合起诉条件的,应当登记立案。当事人拒绝补正或者经补正仍不符合起诉条件的,退回诉状并记录在册;坚持起诉的,裁定不予立案,并载明不予立案的理由。

第五十六条 法律、法规规定应当先申请复议,公民、法人或者其他组织未申请复议直接提起诉讼的,人民法院裁定不予立案。

依照行政诉讼法第四十五条的规定,复议机关不受理复议申请或者在法定期限内不作出复议决定,公民、法人或者其他组织不服,依法向人民法院提起诉讼的,人民法院应当依法立案。

第五十七条 法律、法规未规定行政复议为提起行政诉讼必经程序，公民、法人或者其他组织既提起诉讼又申请行政复议的，由先立案的机关管辖；同时立案的，由公民、法人或者其他组织选择。公民、法人或者其他组织已经申请行政复议，在法定复议期间内又向人民法院提起诉讼的，人民法院裁定不予立案。

第五十八条 法律、法规未规定行政复议为提起行政诉讼必经程序，公民、法人或者其他组织向复议机关申请行政复议后，又经复议机关同意撤回复议申请，在法定起诉期限内对原行政行为提起诉讼的，人民法院应当依法立案。

第五十九条 公民、法人或者其他组织向复议机关申请行政复议后，复议机关作出维持决定的，应当以复议机关和原行为机关为共同被告，并以复议决定送达时间确定起诉期限。

第六十条 人民法院裁定准许原告撤诉后，原告以同一事实和理由重新起诉的，人民法院不予立案。

准予撤诉的裁定确有错误，原告申请再审的，人民法院应当通过审判监督程序撤销原准予撤诉的裁定，重新对案件进行审理。

第六十一条 原告或者上诉人未按规定的期限预交案件受理费，又不提出缓交、减交、免交申请，或者提出申请未获批准的，按自动撤诉处理。在按撤诉处理后，原告或者上诉人在法定期限内再次起诉或者上诉，并依法解决诉讼费预交问题的，人民法院应予立案。

第六十二条 人民法院判决撤销行政机关的行政行为后，公民、法人或者其他组织对行政机关重新作出的行政行为不服向人民法院起诉的，人民法院应当依法立案。

第六十三条 行政机关作出行政行为时，没有制作或者没有送达法律文书，公民、法人或者其他组织只要能证明行政行为存在，并在法定期限内起诉的，人民法院应当依法立案。

第六十四条 行政机关作出行政行为时，未告知公民、法人或者其他组织起诉期限的，起诉期限从公民、法人或者其他组织知道或者应当知道起诉期限之日起计算,但从知道或者应当知道行政行为内容之日起最长不得超过一年。

复议决定未告知公民、法人或者其他组织起诉期限的,适用前款规定。

第六十五条 公民、法人或者其他组织不知道行政机关作出的行政行为内容的,其起诉期限从知道或者应当知道该行政行为内容之日起计算,但最长不得超过行政诉讼法第四十六条第二款规定的起诉期限。

第六十六条 公民、法人或者其他组织依照行政诉讼法第四十七条第一款的规定,对行政机关不履行法定职责提起诉讼的,应当在行政机关履行法定职责期限届满之日起六个月内提出。

第六十七条 原告提供被告的名称等信息足以使被告与其他行政机关相区别的,可以认定为行政诉讼法第四十九条第二项规定的"有明确的被告"。

起诉状列写被告信息不足以认定明确的被告的,人民法院可以告知原告补正;原告补正后仍不能确定明确的被告的,人民法院裁定不予立案。

第六十八条 行政诉讼法第四十九条第三项规定的"有具体的诉讼请求"是指:

(一)请求判决撤销或者变更行政行为;

(二)请求判决行政机关履行特定法定职责或者给付义务;

(三)请求判决确认行政行为违法;

(四)请求判决确认行政行为无效;

(五)请求判决行政机关予以赔偿或者补偿;

(六)请求解决行政协议争议;

(七)请求一并审查规章以下规范性文件;

(八)请求一并解决相关民事争议;

(九)其他诉讼请求。

当事人单独或者一并提起行政赔偿、补偿诉讼的,应当有具体的赔偿、补偿事项以及数额；请求一并审查规章以下规范性文件的，应当提供明确的文件名称或者审查对象；请求一并解决相关民事争议的，应当有具体的民事诉讼请求。

当事人未能正确表达诉讼请求的，人民法院应当要求其明确诉讼请求。

第六十九条 有下列情形之一，已经立案的，应当裁定驳回起诉：

（一）不符合行政诉讼法第四十九条规定的；

（二）超过法定起诉期限且无行政诉讼法第四十八条规定情形的；

（三）错列被告且拒绝变更的；

（四）未按照法律规定由法定代理人、指定代理人、代表人为诉讼行为的；

（五）未按照法律、法规规定先向行政机关申请复议的；

（六）重复起诉的；

（七）撤回起诉后无正当理由再行起诉的；

（八）行政行为对其合法权益明显不产生实际影响的；

（九）诉讼标的已为生效裁判或者调解书所羁束的；

（十）其他不符合法定起诉条件的情形。

前款所列情形可以补正或者更正的，人民法院应当指定期间责令补正或者更正；在指定期间已经补正或者更正的，应当依法审理。

人民法院经过阅卷、调查或者询问当事人，认为不需要开庭审理的，可以迳行裁定驳回起诉。

第七十条 起诉状副本送达被告后，原告提出新的诉讼请求的，人民法院不予准许，但有正当理由的除外。

七、审理与判决

第七十一条 人民法院适用普通程序审理案件，应当在开庭三日前用传票传唤当事人。对证人、鉴定人、勘验人、翻译人员，应当用通知书通知其到庭。当事人或者其他诉讼参与人在外地的，应当留有必要的在途时间。

第七十二条 有下列情形之一的，可以延期开庭审理：

（一）应当到庭的当事人和其他诉讼参与人有正当理由没有到庭的；

（二）当事人临时提出回避申请且无法及时作出决定的；

（三）需要通知新的证人到庭，调取新的证据，重新鉴定、勘验，或者需要补充调查的；

（四）其他应当延期的情形。

第七十三条 根据行政诉讼法第二十七条的规定，有下列情形之一的，人民法院可以决定合并审理：

（一）两个以上行政机关分别对同一事实作出行政行为，公民、法人或者其他组织不服向同一人民法院起诉的；

（二）行政机关就同一事实对若干公民、法人或者其他组织分别作出行政行为，公民、法人或者其他组织不服分别向同一人民法院起诉的；

（三）在诉讼过程中，被告对原告作出新的行政行为，原告不服向同一人民法院起诉的；

（四）人民法院认为可以合并审理的其他情形。

第七十四条 当事人申请回避，应当说明理由，在案件开始审理时提出；回避事由在案件开始审理后知道的，应当在法庭辩论终结前提出。

被申请回避的人员，在人民法院作出是否回避的决定前，应当暂停参与本案的工作，但案件需要采取紧急措施的除外。

对当事人提出的回避申请，人民法院应当在三日内以口头或者书面形式作出决定。对当事人提出的明显不属于法定回避事由的申请，法庭可以依法当庭驳回。

申请人对驳回回避申请决定不服的，可以向作出决定的人民法院申请复议一次。复议期间，被申请回避的人员不停止参与本案的工作。对申请人的复议申请，人民法院应当在三日内作出复议决定，并通知复议申请人。

第七十五条 在一个审判程序中参与过本案审判工作的审判人员，不得再参与该案其他程序的审判。

发回重审的案件，在一审法院作出裁判后又进入第二审程序的，原第二审程序中合议庭组成人员不受前款规定的限制。

第七十六条 人民法院对于因一方当事人的行为或者其他原因，可能使行政行为或者人民法院生效裁判不能或者难以执行的案件，根据对方当事人的申请，可以裁定对其财产进行保全、责令其作出一定行为或者禁止其作出一定行为；当事人没有提出申请的，人民法院在必要时也可以裁定采取上述保全措施。

人民法院采取保全措施，可以责令申请人提供担保；申请人不提供担保的，裁定驳回申请。

人民法院接受申请后，对情况紧急的，必须在四十八小时内作出裁定；裁定采取保全措施的，应当立即开始执行。

当事人对保全的裁定不服的，可以申请复议；复议期间不停止裁定的执行。

第七十七条 利害关系人因情况紧急，不立即申请保全将会使其合法权益受到难以弥补的损害的，可以在提起诉讼前向被保全财产所在地、被申请人住所地或者对案件有管辖权的人民法院申请采取保全措施。申请人应当提供担保，不提供担保的，裁定驳回申请。

人民法院接受申请后，必须在四十八小时内作出裁定；裁定采取保全措施的，应当立即开始执行。

申请人在人民法院采取保全措施后三十日内不依法提起诉讼的，人民法院应当解除保全。

当事人对保全的裁定不服的，可以申请复议；复议期间不停止裁定的执行。

第七十八条 保全限于请求的范围,或者与本案有关的财物。

财产保全采取查封、扣押、冻结或者法律规定的其他方法。人民法院保全财产后,应当立即通知被保全人。

财产已被查封、冻结的,不得重复查封、冻结。

涉及财产的案件,被申请人提供担保的,人民法院应当裁定解除保全。

申请有错误的,申请人应当赔偿被申请人因保全所遭受的损失。

第七十九条 原告或者上诉人申请撤诉,人民法院裁定不予准许的,原告或者上诉人经传票传唤无正当理由拒不到庭,或者未经法庭许可中途退庭的,人民法院可以缺席判决。

第三人经传票传唤无正当理由拒不到庭,或者未经法庭许可中途退庭的,不发生阻止案件审理的效果。

根据行政诉讼法第五十八条的规定,被告经传票传唤无正当理由拒不到庭,或者未经法庭许可中途退庭的,人民法院可以按期开庭或者继续开庭审理,对到庭的当事人诉讼请求、双方的诉辩理由以及已经提交的证据及其他诉讼材料进行审理后,依法缺席判决。

第八十条 原告或者上诉人在庭审中明确拒绝陈述或者以其他方式拒绝陈述,导致庭审无法进行,经法庭释明法律后果后仍不陈述意见的,视为放弃陈述权利,由其承担不利的法律后果。

当事人申请撤诉或者依法可以按撤诉处理的案件,当事人有违反法律的行为需要依法处理的,人民法院可以不准许撤诉或者不按撤诉处理。

法庭辩论终结后原告申请撤诉,人民法院可以准许,但涉及到国家利益和社会公共利益的除外。

第八十一条 被告在一审期间改变被诉行政行为的,应当书面告知人民法院。

原告或者第三人对改变后的行政行为不服提起诉讼的,人民法院应当就改变后的行政行为进行审理。

被告改变原违法行政行为，原告仍要求确认原行政行为违法的，人民法院应当依法作出确认判决。

原告起诉被告不作为，在诉讼中被告作出行政行为，原告不撤诉的，人民法院应当就不作为依法作出确认判决。

第八十二条 当事人之间恶意串通，企图通过诉讼等方式侵害国家利益、社会公共利益或者他人合法权益的，人民法院应当裁定驳回起诉或者判决驳回其请求，并根据情节轻重予以罚款、拘留；构成犯罪的，依法追究刑事责任。

第八十三条 行政诉讼法第五十九条规定的罚款、拘留可以单独适用，也可以合并适用。

对同一妨害行政诉讼行为的罚款、拘留不得连续适用。发生新的妨害行政诉讼行为的，人民法院可以重新予以罚款、拘留。

第八十四条 人民法院审理行政诉讼法第六十条第一款规定的行政案件，认为法律关系明确、事实清楚，在征得当事人双方同意后，可以迳行调解。

第八十五条 调解达成协议，人民法院应当制作调解书。调解书应当写明诉讼请求、案件的事实和调解结果。

调解书由审判人员、书记员署名，加盖人民法院印章，送达双方当事人。

调解书经双方当事人签收后，即具有法律效力。调解书生效日期根据最后收到调解书的当事人签收的日期确定。

第八十六条 人民法院审理行政案件，调解过程不公开，但当事人同意公开的除外。

经人民法院准许，第三人可以参加调解。人民法院认为有必要的，可以通知第三人参加调解。

调解协议内容不公开，但为保护国家利益、社会公共利益、他人合法权益，人民法院认为确有必要公开的除外。

当事人一方或者双方不愿调解、调解未达成协议的，人民法院应当及时判决。

当事人自行和解或者调解达成协议后，请求人民法院按照和解协议或者调解协议的内容制作判决书的，人民法院不予准许。

第八十七条　在诉讼过程中，有下列情形之一的，中止诉讼：

（一）原告死亡，须等待其近亲属表明是否参加诉讼的；

（二）原告丧失诉讼行为能力，尚未确定法定代理人的；

（三）作为一方当事人的行政机关、法人或者其他组织终止，尚未确定权利义务承受人的；

（四）一方当事人因不可抗力的事由不能参加诉讼的；

（五）案件涉及法律适用问题，需要送请有权机关作出解释或者确认的；

（六）案件的审判须以相关民事、刑事或者其他行政案件的审理结果为依据，而相关案件尚未审结的；

（七）其他应当中止诉讼的情形。

中止诉讼的原因消除后，恢复诉讼。

第八十八条　在诉讼过程中，有下列情形之一的，终结诉讼：

（一）原告死亡，没有近亲属或者近亲属放弃诉讼权利的；

（二）作为原告的法人或者其他组织终止后，其权利义务的承受人放弃诉讼权利的。

因本解释第八十七条第一款第一、二、三项原因中止诉讼满九十日仍无人继续诉讼的，裁定终结诉讼，但有特殊情况的除外。

第八十九条　复议决定改变原行政行为错误，人民法院判决撤销复议决定时，可以一并责令复议机关重新作出复议决定或者判决恢复原行政行为的法律效力。

第九十条　人民法院判决被告重新作出行政行为，被告重新作出的行政行为与原行政行为的结果相同，但主要事实或者主要理由有改变的，不属于行政诉讼法第七十一条规定的情形。

人民法院以违反法定程序为由，判决撤销被诉行政行为的，行政机关重新作出行政行为不受行政诉讼法第七十一条规定的限制。

行政机关以同一事实和理由重新作出与原行政行为基本相同的行政行为，人民法院应当根据行政诉讼法第七十条、第七十一条的规定判决撤销或者部分撤销，并根据行政诉讼法第九十六条的规定处理。

第九十一条 原告请求被告履行法定职责的理由成立，被告违法拒绝履行或者无正当理由逾期不予答复的，人民法院可以根据行政诉讼法第七十二条的规定，判决被告在一定期限内依法履行原告请求的法定职责；尚需被告调查或者裁量的，应当判决被告针对原告的请求重新作出处理。

第九十二条 原告申请被告依法履行支付抚恤金、最低生活保障待遇或者社会保险待遇等给付义务的理由成立，被告依法负有给付义务而拒绝或者拖延履行义务的，人民法院可以根据行政诉讼法第七十三条的规定，判决被告在一定期限内履行相应的给付义务。

第九十三条 原告请求被告履行法定职责或者依法履行支付抚恤金、最低生活保障待遇或者社会保险待遇等给付义务，原告未先向行政机关提出申请的，人民法院裁定驳回起诉。

人民法院经审理认为原告所请求履行的法定职责或者给付义务明显不属于行政机关权限范围的，可以裁定驳回起诉。

第九十四条 公民、法人或者其他组织起诉请求撤销行政行为，人民法院经审查认为行政行为无效的，应当作出确认无效的判决。

公民、法人或者其他组织起诉请求确认行政行为无效，人民法院审查认为行政行为不属于无效情形，经释明，原告请求撤销行政行为的，应当继续审理并依法作出相应判决；原告请求撤销行政行为但超过法定起诉期限的，裁定驳回起诉；原告拒绝变更诉讼请求的，判决驳回其诉讼请求。

第九十五条 人民法院经审理认为被诉行政行为违法或者无效，可能给原告造成损失，经释明，原告请求一并解决行政赔偿争议的,人民法院可以就赔偿事项进行调解;调解不成的,应当一并判决。人民法院也可以告知其就赔偿事项另行提起诉讼。

第九十六条 有下列情形之一,且对原告依法享有的听证、陈述、申辩等重要程序性权利不产生实质损害的,属于行政诉讼法第七十四条第一款第二项规定的“程序轻微违法”:

(一)处理期限轻微违法;

(二)通知、送达等程序轻微违法;

(三)其他程序轻微违法的情形。

第九十七条 原告或者第三人的损失系由其自身过错和行政机关的违法行政行为共同造成的,人民法院应当依据各方行为与损害结果之间有无因果关系以及在损害发生和结果中作用力的大小,确定行政机关相应的赔偿责任。

第九十八条 因行政机关不履行、拖延履行法定职责,致使公民、法人或者其他组织的合法权益遭受损害的,人民法院应当判决行政机关承担行政赔偿责任。在确定赔偿数额时,应当考虑该不履行、拖延履行法定职责的行为在损害发生过程和结果中所起的作用等因素。

第九十九条 有下列情形之一的,属于行政诉讼法第七十五条规定的“重大且明显违法”:

(一)行政行为实施主体不具有行政主体资格;

(二)减损权利或者增加义务的行政行为没有法律规范依据;

(三)行政行为的内容客观上不可能实施;

(四)其他重大且明显违法的情形。

第一百条 人民法院审理行政案件,适用最高人民法院司法解释的,应当在裁判文书中援引。

人民法院审理行政案件,可以在裁判文书中引用合法有效的规章及其他规范性文件。

第一百零一条 裁定适用于下列范围:

(一)不予立案;

（二）驳回起诉；

（三）管辖异议；

（四）终结诉讼；

（五）中止诉讼；

（六）移送或者指定管辖；

（七）诉讼期间停止行政行为的执行或者驳回停止执行的申请；

（八）财产保全；

（九）先予执行；

（十）准许或者不准许撤诉；

（十一）补正裁判文书中的笔误；

（十二）中止或者终结执行；

（十三）提审、指令再审或者发回重审；

（十四）准许或者不准许执行行政机关的行政行为；

（十五）其他需要裁定的事项。

对第一、二、三项裁定，当事人可以上诉。

裁定书应当写明裁定结果和作出该裁定的理由。裁定书由审判人员、书记员署名，加盖人民法院印章。口头裁定的，记入笔录。

第一百零二条 行政诉讼法第八十二条规定的行政案件中的“事实清楚”，是指当事人对争议的事实陈述基本一致，并能提供相应的证据，无须人民法院调查收集证据即可查明事实；“权利义务关系明确”，是指行政法律关系中权利和义务能够明确区分；“争议不大”，是指当事人对行政行为的合法性、责任承担等没有实质分歧。

第一百零三条 适用简易程序审理的行政案件，人民法院可以用口头通知、电话、短信、传真、电子邮件等简便方式传唤当事人、通知证人、送达裁判文书以外的诉讼文书。

以简便方式送达的开庭通知，未经当事人确认或者没有其他证据证明当事人已经收到的，人民法院不得缺席判决。

第一百零四条 适用简易程序案件的举证期限由人民法院确

定，也可以由当事人协商一致并经人民法院准许，但不得超过十五日。被告要求书面答辩的，人民法院可以确定合理的答辩期间。

人民法院应当将举证期限和开庭日期告知双方当事人，并向当事人说明逾期举证以及拒不到庭的法律后果，由双方当事人在笔录和开庭传票的送达回证上签名或者捺印。

当事人双方均表示同意立即开庭或者缩短举证期限、答辩期间的，人民法院可以立即开庭审理或者确定近期开庭。

第一百零五条 人民法院发现案情复杂，需要转为普通程序审理的，应当在审理期限届满前作出裁定并将合议庭组成人员及相关事项书面通知双方当事人。

案件转为普通程序审理的，审理期限自人民法院立案之日起计算。

第一百零六条 当事人就已经提起诉讼的事项在诉讼过程中或者裁判生效后再次起诉，同时具有下列情形的，构成重复起诉：

（一）后诉与前诉的当事人相同；

（二）后诉与前诉的诉讼标的相同；

（三）后诉与前诉的诉讼请求相同，或者后诉的诉讼请求被前诉裁判所包含。

第一百零七条 第一审人民法院作出判决和裁定后，当事人均提起上诉的，上诉各方均为上诉人。

诉讼当事人中的一部分人提出上诉，没有提出上诉的对方当事人为被上诉人，其他当事人依原审诉讼地位列明。

第一百零八条 当事人提出上诉，应当按照其他当事人或者诉讼代表人的人数提出上诉状副本。

原审人民法院收到上诉状，应当在五日内将上诉状副本发送其他当事人，对方当事人应当在收到上诉状副本之日起十五日内提出答辩状。

原审人民法院应当在收到答辩状之日起五日内将副本发送上诉人。对方当事人不提出答辩状的，不影响人民法院审理。

原审人民法院收到上诉状、答辩状，应当在五日内连同全部案卷和证据，报送第二审人民法院；已经预收的诉讼费用，一并报送。

第一百零九条 第二审人民法院经审理认为原审人民法院不予立案或者驳回起诉的裁定确有错误且当事人的起诉符合起诉条件的，应当裁定撤销原审人民法院的裁定，指令原审人民法院依法立案或者继续审理。

第二审人民法院裁定发回原审人民法院重新审理的行政案件，原审人民法院应当另行组成合议庭进行审理。

原审判决遗漏了必须参加诉讼的当事人或者诉讼请求的，第二审人民法院应当裁定撤销原审判决，发回重审。

原审判决遗漏行政赔偿请求，第二审人民法院经审查认为依法不应当予以赔偿的，应当判决驳回行政赔偿请求。

原审判决遗漏行政赔偿请求，第二审人民法院经审理认为依法应当予以赔偿的，在确认被诉行政行为违法的同时，可以就行政赔偿问题进行调解；调解不成的，应当就行政赔偿部分发回重审。

当事人在第二审期间提出行政赔偿请求的，第二审人民法院可以进行调解；调解不成的，应当告知当事人另行起诉。

第一百一十条 当事人向上一级人民法院申请再审，应当在判决、裁定或者调解书发生法律效力后六个月内提出。有下列情形之一的，自知道或者应当知道之日起六个月内提出：

（一）有新的证据，足以推翻原判决、裁定的；

（二）原判决、裁定认定事实的主要证据是伪造的；

（三）据以作出原判决、裁定的法律文书被撤销或者变更的；

（四）审判人员审理该案件时有贪污受贿、徇私舞弊、枉法裁判行为的。

第一百一十一条 当事人申请再审的，应当提交再审申请书等材料。人民法院认为有必要的，可以自收到再审申请书之日起五日内将再审申请书副本发送对方当事人。对方当事人应当自收到再审申请书副本之日起十五日内提交书面意见。人民法院可以要求申请人和对方当事人补充有关材料，询问有关事项。

第一百一十二条 人民法院应当自再审申请案件立案之日起六个月内审查，有特殊情况需要延长的，由本院院长批准。

第一百一十三条 人民法院根据审查再审申请案件的需要决定是否询问当事人；新的证据可能推翻原判决、裁定的，人民法院应当询问当事人。

第一百一十四条 审查再审申请期间，被申请人及原审其他当事人依法提出再审申请的，人民法院应当将其列为再审申请人，对其再审事由一并审查，审查期限重新计算。经审查，其中一方再审申请人主张的再审事由成立的，应当裁定再审。各方再审申请人主张的再审事由均不成立的，一并裁定驳回再审申请。

第一百一十五条 审查再审申请期间，再审申请人申请人民法院委托鉴定、勘验的，人民法院不予准许。

审查再审申请期间，再审申请人撤回再审申请的，是否准许，由人民法院裁定。

再审申请人经传票传唤，无正当理由拒不接受询问的，按撤回再审申请处理。

人民法院准许撤回再审申请或者按撤回再审申请处理后，再审申请人再次申请再审的，不予立案，但有行政诉讼法第九十一条第二项、第三项、第七项、第八项规定情形，自知道或者应当知道之日起六个月内提出的除外。

第一百一十六条 当事人主张的再审事由成立，且符合行政诉讼法和本解释规定的申请再审条件的，人民法院应当裁定再审。

当事人主张的再审事由不成立，或者当事人申请再审超过法定申请再审期限、超出法定再审事由范围等不符合行政诉讼法和本解释规定的申请再审条件的，人民法院应当裁定驳回再审申请。

第一百一十七条 有下列情形之一的，当事人可以向人民检察院申请抗诉或者检察建议：

（一）人民法院驳回再审申请的；

（二）人民法院逾期未对再审申请作出裁定的；

（三）再审判决、裁定有明显错误的。

人民法院基于抗诉或者检察建议作出再审判决、裁定后，当事人申请再审的，人民法院不予立案。

第一百一十八条 按照审判监督程序决定再审的案件，裁定中止原判决、裁定、调解书的执行，但支付抚恤金、最低生活保障费或者社会保险待遇的案件，可以不中止执行。

上级人民法院决定提审或者指令下级人民法院再审的，应当作出裁定，裁定应当写明中止原判决的执行；情况紧急的，可以将中止执行的裁定口头通知负责执行的人民法院或者作出生效判决、裁定的人民法院，但应当在口头通知后十日内发出裁定书。

第一百一十九条 人民法院按照审判监督程序再审的案件，发生法律效力的判决、裁定是由第一审法院作出的，按照第一审程序审理，所作的判决、裁定，当事人可以上诉；发生法律效力的判决、裁定是由第二审法院作出的，按照第二审程序审理，所作的判决、裁定，是发生法律效力的判决、裁定；上级人民法院按照审判监督程序提审的，按照第二审程序审理，所作的判决、裁定是发生法律效力的判决、裁定。

人民法院审理再审案件，应当另行组成合议庭。

第一百二十条 人民法院审理再审案件应当围绕再审请求和被诉行政行为合法性进行。当事人的再审请求超出原审诉讼请求，符合另案诉讼条件的，告知当事人可以另行起诉。

被申请人及原审其他当事人在庭审辩论结束前提出的再审请求，符合本解释规定的申请期限的，人民法院应当一并审理。

人民法院经再审，发现已经发生法律效力的判决、裁定损害国家利益、社会公共利益、他人合法权益的，应当一并审理。

第一百二十一条 再审审理期间，有下列情形之一的，裁定终结再审程序：

（一）再审申请人在再审期间撤回再审请求，人民法院准许的；

（二）再审申请人经传票传唤，无正当理由拒不到庭的，或者未经法庭许可中途退庭，按撤回再审请求处理的；

（三）人民检察院撤回抗诉的；

（四）其他应当终结再审程序的情形。

因人民检察院提出抗诉裁定再审的案件，申请抗诉的当事人有前款规定的情形，且不损害国家利益、社会公共利益或者他人合法权益的，人民法院裁定终结再审程序。

再审程序终结后，人民法院裁定中止执行的原生效判决自动恢复执行。

第一百二十二条 人民法院审理再审案件，认为原生效判决、裁定确有错误，在撤销原生效判决或者裁定的同时，可以对生效判决、裁定的内容作出相应裁判，也可以裁定撤销生效判决或者裁定，发回作出生效判决、裁定的人民法院重新审理。

第一百二十三条 人民法院审理二审案件和再审案件，对原审法院立案、不予立案或者驳回起诉错误的，应当分别情况作如下处理：

（一）第一审人民法院作出实体判决后，第二审人民法院认为不应当立案的，在撤销第一审人民法院判决的同时，可以迳行驳回起诉；

（二）第二审人民法院维持第一审人民法院不予立案裁定错误的，再审法院应当撤销第一审、第二审人民法院裁定，指令第一审人民法院受理；

（三）第二审人民法院维持第一审人民法院驳回起诉裁定错误的，再审法院应当撤销第一审、第二审人民法院裁定，指令第一审人民法院审理。

第一百二十四条 人民检察院提出抗诉的案件，接受抗诉的人民法院应当自收到抗诉书之日起三十日内作出再审的裁定；有行政诉讼法第九十一条第二、三项规定情形之一的，可以指令下一级人民法院再审，但经该下一级人民法院再审过的除外。

人民法院在审查抗诉材料期间，当事人之间已经达成和解协议的，人民法院可以建议人民检察院撤回抗诉。

第一百二十五条 人民检察院提出抗诉的案件，人民法院再审开庭时，应当在开庭三日前通知人民检察院派员出庭。

第一百二十六条 人民法院收到再审检察建议后，应当组成合议庭，在三个月内进行审查，发现原判决、裁定、调解书确有错误，需要再审的，依照行政诉讼法第九十二条规定裁定再审，并通知当事人；经审查，决定不予再审的，应当书面回复人民检察院。

第一百二十七条 人民法院审理因人民检察院抗诉或者检察建议裁定再审的案件，不受此前已经作出的驳回当事人再审申请裁定的限制。

八、行政机关负责人出庭应诉

第一百二十八条 行政诉讼法第三条第三款规定的行政机关负责人，包括行政机关的正职、副职负责人以及其他参与分管的负责人。

行政机关负责人出庭应诉的，可以另行委托一至二名诉讼代理人。行政机关负责人不能出庭的，应当委托行政机关相应的工作人员出庭，不得仅委托律师出庭。

第一百二十九条 涉及重大公共利益、社会高度关注或者可能引发群体性事件等案件以及人民法院书面建议行政机关负责人出庭的案件，被诉行政机关负责人应当出庭。

被诉行政机关负责人出庭应诉的，应当在当事人及其诉讼代理人基本情况、案件由来部分予以列明。

行政机关负责人有正当理由不能出庭应诉的，应当向人民法院提交情况说明，并加盖行政机关印章或者由该机关主要负责人签字认可。

行政机关拒绝说明理由的，不发生阻止案件审理的效果，人民法院可以向监察机关、上一级行政机关提出司法建议。

第一百三十条 行政诉讼法第三条第三款规定的“行政机关相应的工作人员”,包括该行政机关具有国家行政编制身份的工作人员以及其他依法履行公职的人员。

被诉行政行为是地方人民政府作出的,地方人民政府法制工作机构的工作人员,以及被诉行政行为具体承办机关工作人员,可以视为被诉人民政府相应的工作人员。

第一百三十一条 行政机关负责人出庭应诉的,应当向人民法院提交能够证明该行政机关负责人职务的材料。

行政机关委托相应的工作人员出庭应诉的,应当向人民法院提交加盖行政机关印章的授权委托书,并载明工作人员的姓名、职务和代理权限。

第一百三十二条 行政机关负责人和行政机关相应的工作人员均不出庭,仅委托律师出庭的或者人民法院书面建议行政机关负责人出庭应诉,行政机关负责人不出庭应诉的,人民法院应当记录在案和在裁判文书中载明,并可以建议有关机关依法作出处理。

九、复议机关作共同被告

第一百三十三条 行政诉讼法第二十六条第二款规定的“复议机关决定维持原行政行为”,包括复议机关驳回复议申请或者复议请求的情形,但以复议申请不符合受理条件为由驳回的除外。

第一百三十四条 复议机关决定维持原行政行为的,作出原行政行为的行政机关和复议机关是共同被告。原告只起诉作出原行政行为的行政机关或者复议机关的,人民法院应当告知原告追加被告。原告不同意追加的,人民法院应当将另一机关列为共同被告。

行政复议决定既有维持原行政行为内容,又有改变原行政行为内容或者不予受理申请内容的,作出原行政行为的行政机关和复议机关为共同被告。

复议机关作共同被告的案件，以作出原行政行为的行政机关确定案件的级别管辖。

第一百三十五条 复议机关决定维持原行政行为的，人民法院应当在审查原行政行为合法性的同时，一并审查复议决定的合法性。

作出原行政行为的行政机关和复议机关对原行政行为合法性共同承担举证责任，可以由其中一个机关实施举证行为。复议机关对复议决定的合法性承担举证责任。

复议机关作共同被告的案件，复议机关在复议程序中依法收集和补充的证据，可以作为人民法院认定复议决定和原行政行为合法的依据。

第一百三十六条 人民法院对原行政行为作出判决的同时，应当对复议决定一并作出相应判决。

人民法院依职权追加作出原行政行为的行政机关或者复议机关为共同被告的，对原行政行为或者复议决定可以作出相应判决。

人民法院判决撤销原行政行为和复议决定的，可以判决作出原行政行为的行政机关重新作出行政行为。

人民法院判决作出原行政行为的行政机关履行法定职责或者给付义务的，应当同时判决撤销复议决定。

原行政行为合法、复议决定违法的，人民法院可以判决撤销复议决定或者确认复议决定违法，同时判决驳回原告针对原行政行为的诉讼请求。

原行政行为被撤销、确认违法或者无效，给原告造成损失的，应当由作出原行政行为的行政机关承担赔偿责任；因复议决定加重损害的，由复议机关对加重部分承担赔偿责任。

原行政行为不符合复议或者诉讼受案范围等受理条件，复议机关作出维持决定的，人民法院应当裁定一并驳回对原行政行为和复议决定的起诉。

十、相关民事争议的一并审理

第一百三十七条 公民、法人或者其他组织请求一并审理行政诉讼法第六十一条规定的相关民事争议,应当在第一审开庭审理前提出;有正当理由的,也可以在法庭调查中提出。

第一百三十八条 人民法院决定在行政诉讼中一并审理相关民事争议,或者案件当事人一致同意相关民事争议在行政诉讼中一并解决,人民法院准许的,由受理行政案件的人民法院管辖。

公民、法人或者其他组织请求一并审理相关民事争议,人民法院经审查发现行政案件已经超过起诉期限,民事案件尚未立案的,告知当事人另行提起民事诉讼;民事案件已经立案的,由原审判组织继续审理。

人民法院在审理行政案件中发现民事争议为解决行政争议的基础,当事人没有请求人民法院一并审理相关民事争议的,人民法院应当告知当事人依法申请一并解决民事争议。当事人就民事争议另行提起民事诉讼并已立案的,人民法院应当中止行政诉讼的审理。民事争议处理期间不计算在行政诉讼审理期限内。

第一百三十九条 有下列情形之一的,人民法院应当作出不予准许一并审理民事争议的决定,并告知当事人可以依法通过其他渠道主张权利:

(一)法律规定应当由行政机关先行处理的;

(二)违反民事诉讼法专属管辖规定或者协议管辖约定的;

(三)约定仲裁或者已经提起民事诉讼的;

(四)其他不宜一并审理民事争议的情形。

对不予准许的决定可以申请复议一次。

第一百四十条 人民法院在行政诉讼中一并审理相关民事争议的,民事争议应当单独立案,由同一审判组织审理。

人民法院审理行政机关对民事争议所作裁决的案件,一并审理民事争议的，不另行立案。

第一百四十一条 人民法院一并审理相关民事争议，适用民事法律规范的相关规定，法律另有规定的除外。

当事人在调解中对民事权益的处分，不能作为审查被诉行政行为合法性的根据。

第一百四十二条 对行政争议和民事争议应当分别裁判。

当事人仅对行政裁判或者民事裁判提出上诉的，未上诉的裁判在上诉期满后即发生法律效力。第一审人民法院应当将全部案卷一并移送第二审人民法院，由行政审判庭审理。第二审人民法院发现未上诉的生效裁判确有错误的，应当按照审判监督程序再审。

第一百四十三条 行政诉讼原告在宣判前申请撤诉的，是否准许由人民法院裁定。人民法院裁定准许行政诉讼原告撤诉，但其对已经提起的一并审理相关民事争议不撤诉的，人民法院应当继续审理。

第一百四十四条 人民法院一并审理相关民事争议，应当按行政案件、民事案件的标准分别收取诉讼费用。

十一、规范性文件的一并审查

第一百四十五条 公民、法人或者其他组织在对行政行为提起诉讼时一并请求对所依据的规范性文件审查的，由行政行为案件管辖法院一并审查。

第一百四十六条 公民、法人或者其他组织请求人民法院一并审查行政诉讼法第五十三条规定的规范性文件，应当在第一审开庭审理前提出；有正当理由的，也可以在法庭调查中提出。

第一百四十七条 人民法院在对规范性文件审查过程中，发现规范性文件可能不合法的，应当听取规范性文件制定机关的意见。

制定机关申请出庭陈述意见的，人民法院应当准许。

行政机关未陈述意见或者未提供相关证明材料的，不能阻止人民法院对规范性文件进行审查。

第一百四十八条 人民法院对规范性文件进行一并审查时，可以从规范性文件制定机关是否超越权限或者违反法定程序、作出行政行为所依据的条款以及相关条款等方面进行。

有下列情形之一的，属于行政诉讼法第六十四条规定的“规范性文件不合法”：

（一）超越制定机关的法定职权或者超越法律、法规、规章的授权范围的；

（二）与法律、法规、规章等上位法的规定相抵触的；

（三）没有法律、法规、规章依据，违法增加公民、法人和其他组织义务或者减损公民、法人和其他组织合法权益的；

（四）未履行法定批准程序、公开发布程序，严重违反制定程序的；

（五）其他违反法律、法规以及规章规定的情形。

第一百四十九条 人民法院经审查认为行政行为所依据的规范性文件合法的，应当作为认定行政行为合法的依据；经审查认为规范性文件不合法的，不作为人民法院认定行政行为合法的依据，并在裁判理由中予以阐明。作出生效裁判的人民法院应当向规范性文件的制定机关提出处理建议，并可以抄送制定机关的同级人民政府、上一级行政机关、监察机关以及规范性文件的备案机关。

规范性文件不合法的，人民法院可以在裁判生效之日起三个月内，向规范性文件制定机关提出修改或者废止该规范性文件的司法建议。

规范性文件由多个部门联合制定的，人民法院可以向该规范性文件的主办机关或者共同上一级行政机关发送司法建议。

接收司法建议的行政机关应当在收到司法建议之日起六十日内予以书面答复。情况紧急的，人民法院可以建议制定机关或者其上一级行政机关立即停止执行该规范性文件。

第一百五十条 人民法院认为规范性文件不合法的，应当在裁判生效后报送上一级人民法院进行备案。涉及国务院部门、省级行政机关制定的规范性文件，司法建议还应当分别层报最高人民法院、高级人民法院备案。

第一百五十一条 各级人民法院院长对本院已经发生法律效力的判决、裁定，发现规范性文件合法性认定错误，认为需要再审的，应当提交审判委员会讨论。

最高人民法院对地方各级人民法院已经发生法律效力的判决、裁定，上级人民法院对下级人民法院已经发生法律效力的判决、裁定，发现规范性文件合法性认定错误的，有权提审或者指令下级人民法院再审。

十二、执　　行

第一百五十二条 对发生法律效力的行政判决书、行政裁定书、行政赔偿判决书和行政调解书，负有义务的一方当事人拒绝履行的，对方当事人可以依法申请人民法院强制执行。

人民法院判决行政机关履行行政赔偿、行政补偿或者其他行政给付义务，行政机关拒不履行的，对方当事人可以依法向法院申请强制执行。

第一百五十三条 申请执行的期限为二年。申请执行时效的中止、中断，适用法律有关规定。

申请执行的期限从法律文书规定的履行期间最后一日起计算；法律文书规定分期履行的，从规定的每次履行期间的最后一日起计算；法律文书中没有规定履行期限的，从该法律文书送达当事人之日起计算。

逾期申请的，除有正当理由外，人民法院不予受理。

第一百五十四条 发生法律效力的行政判决书、行政裁定书、行政赔偿判决书和行政调解书,由第一审人民法院执行。

第一审人民法院认为情况特殊,需要由第二审人民法院执行的,可以报请第二审人民法院执行;第二审人民法院可以决定由其执行,也可以决定由第一审人民法院执行。

第一百五十五条 行政机关根据行政诉讼法第九十七条的规定申请执行其行政行为,应当具备以下条件:

(一)行政行为依法可以由人民法院执行;

(二)行政行为已经生效并具有可执行内容;

(三)申请人是作出该行政行为的行政机关或者法律、法规、规章授权的组织;

(四)被申请人是该行政行为所确定的义务人;

(五)被申请人在行政行为确定的期限内或者行政机关催告期限内未履行义务;

(六)申请人在法定期限内提出申请;

(七)被申请执行的行政案件属于受理执行申请的人民法院管辖。

行政机关申请人民法院执行,应当提交行政强制法第五十五条规定的相关材料。

人民法院对符合条件的申请,应当在五日内立案受理,并通知申请人;对不符合条件的申请,应当裁定不予受理。行政机关对不予受理裁定有异议,在十五日内向上一级人民法院申请复议的,上一级人民法院应当在收到复议申请之日起十五日内作出裁定。

第一百五十六条 没有强制执行权的行政机关申请人民法院强制执行其行政行为,应当自被执行人的法定起诉期限届满之日起三个月内提出。逾期申请的,除有正当理由外,人民法院不予受理。

第一百五十七条 行政机关申请人民法院强制执行其行政行为的,由申请人所在地的基层人民法院受理;执行对象为不动产的,由不动产所在地的基层人民法院受理。

基层人民法院认为执行确有困难的,可以报请上级人民法院执行;上级人民法院可以决定由其执行,也可以决定由下级人民法院执行。

第一百五十八条 行政机关根据法律的授权对平等主体之间民事争议作出裁决后,当事人在法定期限内不起诉又不履行,作出裁决的行政机关在申请执行的期限内未申请人民法院强制执行的,生效行政裁决确定的权利人或者其继承人、权利承受人在六个月内可以申请人民法院强制执行。

享有权利的公民、法人或者其他组织申请人民法院强制执行生效行政裁决,参照行政机关申请人民法院强制执行行政行为的规定。

第一百五十九条 行政机关或者行政行为确定的权利人申请人民法院强制执行前,有充分理由认为被执行人可能逃避执行的,可以申请人民法院采取财产保全措施。后者申请强制执行的,应当提供相应的财产担保。

第一百六十条 人民法院受理行政机关申请执行其行政行为的案件后,应当在七日内由行政审判庭对行政行为的合法性进行审查,并作出是否准予执行的裁定。

人民法院在作出裁定前发现行政行为明显违法并损害被执行人合法权益的,应当听取被执行人和行政机关的意见,并自受理之日起三十日内作出是否准予执行的裁定。

需要采取强制执行措施的,由本院负责强制执行非诉行政行为的机构执行。

第一百六十一条 被申请执行的行政行为有下列情形之一的,人民法院应当裁定不准予执行:

(一)实施主体不具有行政主体资格的;

(二)明显缺乏事实根据的;

(三)明显缺乏法律、法规依据的;

(四)其他明显违法并损害被执行人合法权益的情形。

行政机关对不准予执行的裁定有异议，在十五日内向上一级人民法院申请复议的，上一级人民法院应当在收到复议申请之日起三十日内作出裁定。

十三、附　则

第一百六十二条　公民、法人或者其他组织对2015年5月1日之前作出的行政行为提起诉讼，请求确认行政行为无效的，人民法院不予立案。

第一百六十三条　本解释自2018年2月8日起施行。

本解释施行后，《最高人民法院关于执行〈中华人民共和国行政诉讼法〉若干问题的解释》（法释〔2000〕8号）、《最高人民法院关于适用〈中华人民共和国行政诉讼法〉若干问题的解释》（法释〔2015〕9号）同时废止。最高人民法院以前发布的司法解释与本解释不一致的，不再适用。

最高人民法院关于执行和解若干问题的规定

（2017年11月6日最高人民法院审判委员会第1725次会议通过　2017年2月22日最高人民法院公告公布　自2018年3月1日起施行　法释〔2018〕3号）

为了进一步规范执行和解，维护当事人、利害关系人的合法权益，根据《中华人民共和国民事诉讼法》等法律规定，结合执行实践，制定本规定。

第一条　当事人可以自愿协商达成和解协议，依法变更生效法律文书确定的权利义务主体、履行标的、期限、地点和方式等内容。

和解协议一般采用书面形式。

第二条　和解协议达成后，有下列情形之一的，人民法院可以裁定中止执行：

（一）各方当事人共同向人民法院提交书面和解协议的；

（二）一方当事人向人民法院提交书面和解协议，其他当事人予以认可的；

（三）当事人达成口头和解协议，执行人员将和解协议内容记入笔录，由各方当事人签名或者盖章的。

第三条　中止执行后，申请执行人申请解除查封、扣押、冻结的，人民法院可以准许。

第四条　委托代理人代为执行和解，应当有委托人的特别授权。

第五条　当事人协商一致，可以变更执行和解协议，并向人民法院提交变更后的协议，或者由执行人员将变更后的内容记入笔录，并由各方当事人签名或者盖章。

第六条　当事人达成以物抵债执行和解协议的，人民法院不得依据该协议作出以物抵债裁定。

第七条　执行和解协议履行过程中，符合合同法第一百零一条规定情形的，债务人可以依法向有关机构申请提存；执行和解协议约定给付金钱的，债务人也可以向执行法院申请提存。

第八条　执行和解协议履行完毕的，人民法院作执行结案处理。

第九条　被执行人一方不履行执行和解协议的，申请执行人可以申请恢复执行原生效法律文书，也可以就履行执行和解协议向执行法院提起诉讼。

第十条　申请恢复执行原生效法律文书，适用民事诉讼法第二百三十九条申请执行期间的规定。

当事人不履行执行和解协议的，申请恢复执行期间自执行和解协议约定履行期间的最后一日起计算。

第十一条　申请执行人以被执行人一方不履行执行和解协议

为由申请恢复执行，人民法院经审查，理由成立的，裁定恢复执行；有下列情形之一的，裁定不予恢复执行：

（一）执行和解协议履行完毕后申请恢复执行的；

（二）执行和解协议约定的履行期限尚未届至或者履行条件尚未成就的，但符合合同法第一百零八条规定情形的除外；

（三）被执行人一方正在按照执行和解协议约定履行义务的；

（四）其他不符合恢复执行条件的情形。

第十二条 当事人、利害关系人认为恢复执行或者不予恢复执行违反法律规定的，可以依照民事诉讼法第二百二十五条规定提出异议。

第十三条 恢复执行后，对申请执行人就履行执行和解协议提起的诉讼，人民法院不予受理。

第十四条 申请执行人就履行执行和解协议提起诉讼，执行法院受理后，可以裁定终结原生效法律文书的执行。执行中的查封、扣押、冻结措施，自动转为诉讼中的保全措施。

第十五条 执行和解协议履行完毕，申请执行人因被执行人迟延履行、瑕疵履行遭受损害的，可以向执行法院另行提起诉讼。

第十六条 当事人、利害关系人认为执行和解协议无效或者应予撤销的，可以向执行法院提起诉讼。执行和解协议被确认无效或者撤销后，申请执行人可以据此申请恢复执行。

被执行人以执行和解协议无效或者应予撤销为由提起诉讼的，不影响申请执行人申请恢复执行。

第十七条 恢复执行后，执行和解协议已经履行部分应当依法扣除。当事人、利害关系人认为人民法院的扣除行为违反法律规定的，可以依照民事诉讼法第二百二十五条规定提出异议。

第十八条 执行和解协议中约定担保条款，且担保人向人民法院承诺在被执行人不履行执行和解协议时自愿接受直接强制执行的，恢复执行原生效法律文书后，人民法院可以依申请执行人申请及担保条款的约定，直接裁定执行担保财产或者保证人的财产。

第十九条 执行过程中,被执行人根据当事人自行达成但未提交人民法院的和解协议,或者一方当事人提交人民法院但其他当事人不予认可的和解协议,依照民事诉讼法第二百二十五条规定提出异议的,人民法院按照下列情形,分别处理:

(一)和解协议履行完毕的,裁定终结原生效法律文书的执行;

(二)和解协议约定的履行期限尚未届至或者履行条件尚未成就的,裁定中止执行,但符合合同法第一百零八条规定情形的除外;

(三)被执行人一方正在按照和解协议约定履行义务的,裁定中止执行;

(四)被执行人不履行和解协议的,裁定驳回异议;

(五)和解协议不成立、未生效或者无效的,裁定驳回异议。

第二十条 本规定自2018年3月1日起施行。

本规定施行前本院公布的司法解释与本规定不一致的,以本规定为准。

最高人民法院关于执行担保若干问题的规定

(2017年12月11日最高人民法院审判委员会第1729次会议通过 2017年2月22日最高人民法院公告公布 自2018年3月1日起施行 法释〔2018〕4号)

为了进一步规范执行担保,维护当事人、利害关系人的合法权益,根据《中华人民共和国民事诉讼法》等法律规定,结合执行实践,制定本规定。

第一条 本规定所称执行担保,是指担保人依照民事诉讼法第二百三十一条规定,为担保被执行人履行生效法律文书确定的全部或者部分义务,向人民法院提供的担保。

第二条 执行担保可以由被执行人提供财产担保,也可以由他人提供财产担保或者保证。

第三条 被执行人或者他人提供执行担保的，应当向人民法院提交担保书，并将担保书副本送交申请执行人。

第四条 担保书中应当载明担保人的基本信息、暂缓执行期限、担保期间、被担保的债权种类及数额、担保范围、担保方式、被执行人于暂缓执行期限届满后仍不履行时担保人自愿接受直接强制执行的承诺等内容。

提供财产担保的，担保书中还应当载明担保财产的名称、数量、质量、状况、所在地、所有权或者使用权归属等内容。

第五条 公司为被执行人提供执行担保的，应当提交符合公司法第十六条规定的公司章程、董事会或者股东会、股东大会决议。

第六条 被执行人或者他人提供执行担保，申请执行人同意的，应当向人民法院出具书面同意意见，也可以由执行人员将其同意的内容记入笔录，并由申请执行人签名或者盖章。

第七条 被执行人或者他人提供财产担保，可以依照物权法、担保法规定办理登记等担保物权公示手续；已经办理公示手续的，申请执行人可以依法主张优先受偿权。

申请执行人申请人民法院查封、扣押、冻结担保财产的，人民法院应当准许，但担保书另有约定的除外。

第八条 人民法院决定暂缓执行的，可以暂缓全部执行措施的实施，但担保书另有约定的除外。

第九条 担保书内容与事实不符，且对申请执行人合法权益产生实质影响的，人民法院可以依申请执行人的申请恢复执行。

第十条 暂缓执行的期限应当与担保书约定一致，但最长不得超过一年。

第十一条 暂缓执行期限届满后被执行人仍不履行义务，或者暂缓执行期间担保人有转移、隐藏、变卖、毁损担保财产等行为的，人民法院可以依申请执行人的申请恢复执行，并直接裁定执行担保财产或者保证人的财产，不得将担保人变更、追加为被执行人。

执行担保财产或者保证人的财产，以担保人应当履行义务部分的财产为限。被执行人有便于执行的现金、银行存款的，应当优先执行该现金、银行存款。

第十二条 担保期间自暂缓执行期限届满之日起计算。

担保书中没有记载担保期间或者记载不明的，担保期间为一年。

第十三条 担保期间届满后，申请执行人申请执行担保财产或者保证人财产的，人民法院不予支持。他人提供财产担保的，人民法院可以依其申请解除对担保财产的查封、扣押、冻结。

第十四条 担保人承担担保责任后，提起诉讼向被执行人追偿的，人民法院应予受理。

第十五条 被执行人申请变更、解除全部或者部分执行措施，并担保履行生效法律文书确定义务的，参照适用本规定。

第十六条 本规定自2018年3月1日起施行。

本规定施行前成立的执行担保，不适用本规定。

本规定施行前本院公布的司法解释与本规定不一致的，以本规定为准。

最高人民法院关于人民法院办理仲裁裁决执行案件若干问题的规定

（2018年1月5日最高人民法院审判委员会第1730次会议通过 2018年2月22日最高人民法院公告公布 自2018年3月1日起施行 法释〔2018〕5号）

为了规范人民法院办理仲裁裁决执行案件，依法保护当事人、案外人的合法权益，根据《中华人民共和国民事诉讼法》《中华人民共和国仲裁法》等法律规定，结合人民法院执行工作实际，制定本规定。

第一条 本规定所称的仲裁裁决执行案件，是指当事人申请人民法院执行仲裁机构依据仲裁法作出的仲裁裁决或者仲裁调解书的案件。

第二条 当事人对仲裁机构作出的仲裁裁决或者仲裁调解书申请执行的，由被执行人住所地或者被执行的财产所在地的中级人民法院管辖。

符合下列条件的，经上级人民法院批准，中级人民法院可以参照民事诉讼法第三十八条的规定指定基层人民法院管辖：

（一）执行标的额符合基层人民法院一审民商事案件级别管辖受理范围；

（二）被执行人住所地或者被执行的财产所在地在被指定的基层人民法院辖区内。

被执行人、案外人对仲裁裁决执行案件申请不予执行的，负责执行的中级人民法院应当另行立案审查处理；执行案件已指定基层人民法院管辖的，应当于收到不予执行申请后三日内移送原执行法院另行立案审查处理。

第三条 仲裁裁决或者仲裁调解书执行内容具有下列情形之一导致无法执行的，人民法院可以裁定驳回执行申请；导致部分无法执行的，可以裁定驳回该部分的执行申请；导致部分无法执行且该部分与其他部分不可分的，可以裁定驳回执行申请。

（一）权利义务主体不明确；

（二）金钱给付具体数额不明确或者计算方法不明确导致无法计算出具体数额；

（三）交付的特定物不明确或者无法确定；

（四）行为履行的标准、对象、范围不明确；

仲裁裁决或者仲裁调解书仅确定继续履行合同，但对继续履行的权利义务，以及履行的方式、期限等具体内容不明确，导致无法执行的，依照前款规定处理。

第四条 对仲裁裁决主文或者仲裁调解书中的文字、计算错误以及仲裁庭已经认定但在裁决主文中遗漏的事项，可以补正或说明的，人民法院应当书面告知仲裁庭补正或说明，或者向仲裁机构调阅仲裁案卷查明。仲裁庭不补正也不说明，且人民法院调阅仲裁案卷后执行内容仍然不明确具体无法执行的，可以裁定驳回执行申请。

第五条 申请执行人对人民法院依照本规定第三条、第四条作出的驳回执行申请裁定不服的，可以自裁定送达之日起十日内向上一级人民法院申请复议。

第六条 仲裁裁决或者仲裁调解书确定交付的特定物确已毁损或者灭失的，依照《最高人民法院关于适用〈中华人民共和国民事诉讼法〉的解释》第四百九十四条的规定处理。

第七条 被执行人申请撤销仲裁裁决并已由人民法院受理的，或者被执行人、案外人对仲裁裁决执行案件提出不予执行申请并提供适当担保的，执行法院应当裁定中止执行。中止执行期间，人民法院应当停止处分性措施，但申请执行人提供充分、有效的担保请求继续执行的除外；执行标的查封、扣押、冻结期限届满前，人民法院可以根据当事人申请或者依职权办理续行查封、扣押、冻结手续。

申请撤销仲裁裁决、不予执行仲裁裁决案件司法审查期间，当事人、案外人申请对已查封、扣押、冻结之外的财产采取保全措施的，负责审查的人民法院参照民事诉讼法第一百条的规定处理。司法审查后仍需继续执行的，保全措施自动转为执行中的查封、扣押、冻结措施；采取保全措施的人民法院与执行法院不一致的，应当将保全手续移送执行法院，保全裁定视为执行法院作出的裁定。

第八条 被执行人向人民法院申请不予执行仲裁裁决的，应当在执行通知书送达之日起十五日内提出书面申请；有民事诉讼法第二百三十七条第二款第四、六项规定情形且执行程序尚未终结的,应当自知道或者应当知道有关事实或案件之日起十五日内提出书面申请。

本条前款规定期限届满前,被执行人已向有管辖权的人民法院申请撤销仲裁裁决且已被受理的,自人民法院驳回撤销仲裁裁决申请的裁判文书生效之日起重新计算期限。

第九条 案外人向人民法院申请不予执行仲裁裁决或者仲裁调解书的,应当提交申请书以及证明其请求成立的证据材料,并符合下列条件:

(一)有证据证明仲裁案件当事人恶意申请仲裁或者虚假仲裁,损害其合法权益;

(二)案外人主张的合法权益所涉及的执行标的尚未执行终结;

(三)自知道或者应当知道人民法院对该标的采取执行措施之日起三十日内提出。

第十条 被执行人申请不予执行仲裁裁决,对同一仲裁裁决的多个不予执行事由应当一并提出。不予执行仲裁裁决申请被裁定驳回后,再次提出申请的,人民法院不予审查,但有新证据证明存在民事诉讼法第二百三十七条第二款第四、六项规定情形的除外。

第十一条 人民法院对不予执行仲裁裁决案件应当组成合议庭围绕被执行人申请的事由、案外人的申请进行审查;对被执行人没有申请的事由不予审查,但仲裁裁决可能违背社会公共利益的除外。

被执行人、案外人对仲裁裁决执行案件申请不予执行的,人民法院应当进行询问;被执行人在询问终结前提出其他不予执行事由的,应当一并审查。人民法院审查时,认为必要的,可以要求仲裁庭作出说明,或者向仲裁机构调阅仲裁案卷。

第十二条 人民法院对不予执行仲裁裁决案件的审查,应当在立案之日起两个月内审查完毕并作出裁定；有特殊情况需要延长的，经本院院长批准，可以延长一个月。

第十三条 下列情形经人民法院审查属实的，应当认定为民事诉讼法第二百三十七条第二款第二项规定的“裁决的事项不属于仲裁协议的范围或者仲裁机构无权仲裁的”情形：

（一）裁决的事项超出仲裁协议约定的范围；

（二）裁决的事项属于依照法律规定或者当事人选择的仲裁规则规定的不可仲裁事项；

（三）裁决内容超出当事人仲裁请求的范围；

（四）作出裁决的仲裁机构非仲裁协议所约定。

第十四条 违反仲裁法规定的仲裁程序、当事人选择的仲裁规则或者当事人对仲裁程序的特别约定，可能影响案件公正裁决，经人民法院审查属实的，应当认定为民事诉讼法第二百三十七条第二款第三项规定的“仲裁庭的组成或者仲裁的程序违反法定程序的”情形。

当事人主张未按照仲裁法或仲裁规则规定的方式送达法律文书导致其未能参与仲裁，或者仲裁员根据仲裁法或仲裁规则的规定应当回避而未回避，可能影响公正裁决，经审查属实的，人民法院应当支持；仲裁庭按照仲裁法或仲裁规则以及当事人约定的方式送达仲裁法律文书，当事人主张不符合民事诉讼法有关送达规定的，人民法院不予支持。

适用的仲裁程序或仲裁规则经特别提示，当事人知道或者应当知道法定仲裁程序或选择的仲裁规则未被遵守，但仍然参加或者继续参加仲裁程序且未提出异议，在仲裁裁决作出之后以违反法定程序为由申请不予执行仲裁裁决的，人民法院不予支持。

第十五条 符合下列条件的，人民法院应当认定为民事诉讼法第二百三十七条第二款第四项规定的“裁决所根据的证据是伪造的”情形：

（一）该证据已被仲裁裁决采信；

（二）该证据属于认定案件基本事实的主要证据；

（三）该证据经查明确属通过捏造、变造、提供虚假证明等非法方式形成或者获取，违反证据的客观性、关联性、合法性要求。

第十六条 符合下列条件的，人民法院应当认定为民事诉讼法第二百三十七条第二款第五项规定的“对方当事人向仲裁机构隐瞒了足以影响公正裁决的证据的”情形：

（一）该证据属于认定案件基本事实的主要证据；

（二）该证据仅为对方当事人掌握，但未向仲裁庭提交；

（三）仲裁过程中知悉存在该证据，且要求对方当事人出示或者请求仲裁庭责令其提交，但对方当事人无正当理由未予出示或者提交。

当事人一方在仲裁过程中隐瞒己方掌握的证据，仲裁裁决作出后以己方所隐瞒的证据足以影响公正裁决为由申请不予执行仲裁裁决的，人民法院不予支持。

第十七条 被执行人申请不予执行仲裁调解书或者根据当事人之间的和解协议、调解协议作出的仲裁裁决，人民法院不予支持，但该仲裁调解书或者仲裁裁决违背社会公共利益的除外。

第十八条 案外人根据本规定第九条申请不予执行仲裁裁决或者仲裁调解书，符合下列条件的，人民法院应当支持：

（一）案外人系权利或者利益的主体；

（二）案外人主张的权利或者利益合法、真实；

（三）仲裁案件当事人之间存在虚构法律关系，捏造案件事实的情形；

（四）仲裁裁决主文或者仲裁调解书处理当事人民事权利义务的结果部分或者全部错误，损害案外人合法权益。

第十九条 被执行人、案外人对仲裁裁决执行案件逾期申请不予执行的，人民法院应当裁定不予受理；已经受理的，应当裁定驳回不予执行申请。

被执行人、案外人对仲裁裁决执行案件申请不予执行，经审查理由成立的，人民法院应当裁定不予执行；理由不成立的，应当裁定驳回不予执行申请。

第二十条 当事人向人民法院申请撤销仲裁裁决被驳回后，又在执行程序中以相同事由提出不予执行申请的，人民法院不予支持；当事人向人民法院申请不予执行被驳回后，又以相同事由申请撤销仲裁裁决的，人民法院不予支持。

在不予执行仲裁裁决案件审查期间，当事人向有管辖权的人民法院提出撤销仲裁裁决申请并被受理的，人民法院应当裁定中止对不予执行申请的审查；仲裁裁决被撤销或者决定重新仲裁的，人民法院应当裁定终结执行，并终结对不予执行申请的审查；撤销仲裁裁决申请被驳回或者申请执行人撤回撤销仲裁裁决申请的，人民法院应当恢复对不予执行申请的审查；被执行人撤回撤销仲裁裁决申请的，人民法院应当裁定终结对不予执行申请的审查，但案外人申请不予执行仲裁裁决的除外。

第二十一条 人民法院裁定驳回撤销仲裁裁决申请或者驳回不予执行仲裁裁决、仲裁调解书申请的，执行法院应当恢复执行。

人民法院裁定撤销仲裁裁决或者基于被执行人申请裁定不予执行仲裁裁决，原被执行人申请执行回转或者解除强制执行措施的，人民法院应当支持。原申请执行人对已履行或者被人民法院强制执行的款物申请保全的，人民法院应当依法准许；原申请执行人在人民法院采取保全措施之日起三十日内，未根据双方达成的书面仲裁协议重新申请仲裁或者向人民法院起诉的，人民法院应当裁定解除保全。

人民法院基于案外人申请裁定不予执行仲裁裁决或者仲裁调解书，案外人申请执行回转或者解除强制执行措施的，人民法院应当支持。

第二十二条 人民法院裁定不予执行仲裁裁决、驳回或者不予受理不予执行仲裁裁决申请后，当事人对该裁定提出执行异议或者申请复议的，人民法院不予受理。

人民法院裁定不予执行仲裁裁决的,当事人可以根据双方达成的书面仲裁协议重新申请仲裁,也可以向人民法院起诉。

人民法院基于案外人申请裁定不予执行仲裁裁决或者仲裁调解书,当事人不服的,可以自裁定送达之日起十日内向上一级人民法院申请复议;人民法院裁定驳回或者不予受理案外人提出的不予执行仲裁裁决、仲裁调解书申请,案外人不服的,可以自裁定送达之日起十日内向上一级人民法院申请复议。

第二十三条 本规定第八条、第九条关于对仲裁裁决执行案件申请不予执行的期限自本规定施行之日起重新计算。

第二十四条 本规定自 2018 年 3 月 1 日起施行,本院以前发布的司法解释与本规定不一致的,以本规定为准。

本规定施行前已经执行终结的执行案件,不适用本规定;本规定施行后尚未执行终结的执行案件,适用本规定。

附：

一、2018年2月份报国务院备案并予以登记的地方性法规、自治条例、单行条例和地方政府规章目录

地方性法规

法规名称	公布日期	备案登记编号
天津市公路管理条例(修订)	2017年12月22日	国法备字[2018000382]
天津市人民代表大会常务委员会关于天津市应税大气污染物和水污染物具体适用环境保护税税额的决定	2017年12月22日	国法备字[2018000383]
天津市人大常委会关于修改《天津市人民代表大会常务委员会人事任免办法》《天津市实施宪法宣誓制度办法》的决定	2017年12月22日	国法备字[2018000384]
大同市智慧城市促进条例	2018年1月25日	国法备字[2018000416]
晋中市禁止燃放烟花爆竹规定	2018年1月23日	国法备字[2018000417]
吉林省人大常委会关于修改《吉林省城镇饮用水水源保护条例》的决定	2018年1月22日	国法备字[2018000415]
江苏省开发区条例	2018年1月24日	国法备字[2018000455]
江苏省广播电视管理条例	2018年1月24日	国法备字[2018000456]
江苏省测绘地理信息条例	2018年1月24日	国法备字[2018000457]
江苏省人大常委会关于修改《江苏省太湖水污染防治条例》的决定	2018年1月24日	国法备字[2018000458]

续表

法规名称	公布日期	备案登记编号
苏州市人大常委会关于修改《苏州市公共汽车客运管理条例》等八件地方性法规和废止《苏州市渔业管理条例》的决定	2018 年 2 月 2 日	国法备字［2018000459］
南通市人才发展促进条例	2018 年 2 月 5 日	国法备字［2018000460］
淮安市周恩来纪念地保护条例	2018 年 2 月 6 日	国法备字［2018000461］
盐城市畜禽养殖污染防治条例	2018 年 2 月 7 日	国法备字［2018000462］
泰州市市区烟花爆竹燃放管理条例	2018 年 2 月 2 日	国法备字［2018000463］
湖北省风景名胜区条例	2018 年 1 月 18 日	国法备字［2018000447］
黄冈市违法建设治理条例	2018 年 2 月 1 日	国法备字［2018000448］
湖北省消费者权益保护条例	2018 年 1 月 18 日	国法备字［2018000464］
孝感市城市绿化条例	2018 年 2 月 1 日	国法备字［2018000466］
黄石市房屋安全管理条例	2018 年 2 月 9 日	国法备字［2018000467］
湖南省实施《中华人民共和国固体废物污染环境防治法》办法	2018 年 1 月 17 日	国法备字［2018000414］
邵阳市城市公园广场管理条例	2017 年 10 月 30 日	国法备字［2018000397］
湘潭市历史建筑和历史文化街区保护条例	2017 年 12 月 21 日	国法备字［2018000398］
益阳市安化黑茶文化遗产保护条例	2017 年 12 月 15 日	国法备字［2018000399］
珠海经济特区物业管理条例	2018 年 1 月 25 日	国法备字［2018000432］

续表

法规名称	公布日期	备案登记编号
珠海市人大常委会关于废止《珠海市物业管理条例》的决定	2018 年 1 月 25 日	国法备字［2018000446］
深圳经济特区食品安全监督条例	2018 年 1 月 19 日	国法备字［2018000449］
深圳市人大常委会关于修改《深圳经济特区审计监督条例》的决定	2018 年 1 月 17 日	国法备字［2018000450］
深圳市人大常委会关于修改《深圳经济特区政府投资项目审计监督条例》的决定	2018 年 1 月 17 日	国法备字［2018000451］
深圳市人大常委会关于修改《深圳经济特区政府投资项目管理条例》的决定	2018 年 1 月 17 日	国法备字［2018000452］
深圳经济特区国家自主创新示范区条例	2018 年 1 月 17 日	国法备字［2018000453］
深圳经济特区沙头角边境特别管理区管理条例	2018 年 1 月 17 日	国法备字［2018000454］
海南省人大常委会关于修改《海南省人民代表大会常务委员会任免海南省监察委员会副主任、委员暂行办法》的决定	2018 年 1 月 21 日	国法备字［2018000422］

地方政府规章

规章名称	公布日期	备案登记编号
天津市无障碍环境建设管理办法	2018 年 1 月 17 日	国法备字［2018000429］
天津市人民政府关于修改和废止部分规章的决定	2018 年 1 月 9 日	国法备字［2018000437］
内蒙古自治区人民政府关于修改《内蒙古自治区房产税实施细则》和《内蒙古自治区城镇土地使用税实施办法》的决定	2018 年 1 月 16 日	国法备字［2018000369］

续表

规章名称	公布日期	备案登记编号
内蒙古自治区人民政府关于修改部分政府规章的决定	2018 年 1 月 16 日	国法备字［2018000370］
包头市人民政府关于废止部分政府规章的决定	2017 年 12 月 29 日	国法备字［2018000420］
沈阳市烟花爆竹安全管理规定	2018 年 1 月 23 日	国法备字［2018000396］
黑龙江省人民政府关于再取消、下放和调整一批行政权力事项的决定	2018 年 1 月 22 日	国法备字［2018000380］
上海市政府采购实施办法	2018 年 1 月 22 日	国法备字［2018000391］
江苏省上下外国船舶管理办法	2018 年 1 月 20 日	国法备字［2018000377］
江苏省挥发性有机物污染防治管理办法	2018 年 1 月 22 日	国法备字［2018000378］
无锡市事业单位机构编制管理办法	2018 年 2 月 2 日	国法备字［2018000430］
镇江市快递管理办法	2018 年 1 月 24 日	国法备字［2018000375］
镇江市城市绿线管理办法	2018 年 1 月 24 日	国法备字［2018000376］
浙江省人民政府关于修改《浙江省政府投资项目管理办法》等 4 件规章的决定	2018 年 1 月 22 日	国法备字［2018000443］
浙江省人民政府关于修改《浙江省建设项目环境保护管理办法》的决定	2018 年 1 月 22 日	国法备字［2018000444］
杭州市钱塘江防潮安全管理办法	2018 年 1 月 16 日	国法备字［2018000439］
杭州市社会保险费征缴办法	2018 年 1 月 16 日	国法备字［2018000440］
宁波市市区城市河道管理办法	2018 年 1 月 12 日	国法备字［2018000379］

续表

规章名称	公布日期	备案登记编号
金华市人民政府关于修改《金华市销售燃放烟花爆竹管理办法》的决定	2018年2月1日	国法备字［2018000445］
泉州市人民政府法规草案和政府规章制定程序规定	2018年1月1日	国法备字［2018000373］
青岛市户外广告设置管理办法	2018年1月15日	国法备字［2018000423］
青岛市刻字业治安管理规定（修订）	2018年1月17日	国法备字［2018000424］
青岛市城镇职工生育保险办法（修订）	2018年1月17日	国法备字［2018000425］
青岛市重大行政决策听证办法	2018年1月17日	国法备字［2018000426］
郑州市餐厨废弃物管理办法	2017年12月27日	国法备字［2018000366］
开封市城市地下管线管理办法	2018年2月1日	国法备字［2018000394］
安阳市南海泉域水资源保护办法	2018年1月31日	国法备字［2018000427］
武汉市民办培训机构管理暂行办法	2018年2月6日	国法备字［2018000468］
十堰市汽车工业文化遗产保护办法	2018年1月31日	国法备字［2018000407］
襄阳市防控和查处违法建设办法	2018年1月15日	国法备字［2018000390］
益阳市不可移动文物保护办法	2017年12月29日	国法备字［2018000421］
广东省人民政府关于将一批省级行政职权事项调整由各地级以上市实施的决定	2018年1月8日	国法备字［2018000374］
广东省人民政府关于废止和修改部分省政府规章的决定	2018年1月23日	国法备字［2018000465］

续表

规章名称	公布日期	备案登记编号
深圳市人民政府关于废止部分规章的决定	2018年1月14日	国法备字［2018000371］
深圳市人民政府关于修改《深圳市户外广告管理办法》的决定	2018年1月14日	国法备字［2018000372］
汕头市规范涉企行政执法检查行为规定	2018年1月8日	国法备字［2018000418］
汕头经济特区社会组织登记管理办法	2018年1月8日	国法备字［2018000438］
广西壮族自治区建筑工程安全生产管理办法	2018年1月22日	国法备字［2018000393］
广西壮族自治区山口红树林生态自然保护区和北仑河口国家级自然保护区管理办法	2018年1月24日	国法备字［2018000412］
广西壮族自治区人民政府关于修改《广西壮族自治区政府投资建设项目审计办法》和《广西壮族自治区建设工程造价管理办法》的决定	2018年1月24日	国法备字［2018000413］
重庆市地方标准管理办法	2018年1月21日	国法备字［2018000381］
重庆市城市规划管理技术规定	2018年1月23日	国法备字［2018000419］
重庆市公共投资建设项目审计办法	2018年1月23日	国法备字［2018000436］
南充市人民政府拟定地方性法规草案和制定规章程序规定	2017年12月7日	国法备字［2018000168］
贵州省机关事务管理办法	2018年1月20日	国法备字［2018000395］
贵州省通航设施管理办法	2018年1月10日	国法备字［2018000409］
贵州省人民政府关于调整一批行政许可事项的决定	2018年2月1日	国法备字［2018000441］

续表

规章名称	公布日期	备案登记编号
贵州省人民政府关于公布省直部门继续实施的行政许可事项目录的决定	2018 年 2 月 1 日	国法备字［2018000442］
安顺市人民政府起草地方性法规草案和制定市政府规章程序规定	2017 年 12 月 27 日	国法备字［2018000410］
红河州人民政府规章制定办法	2017 年 12 月 20 日	国法备字［2018000411］
陕西省人民政府关于修改、废止部分省政府规章的决定	2018 年 1 月 20 日	国法备字［2018000408］
嘉峪关市机动车停车场建设和管理办法	2018 年 1 月 31 日	国法备字［2018000428］
青海省测绘地理信息市场管理办法	2018 年 1 月 13 日	国法备字［2018000392］
西宁市安全生产办法	2018 年 1 月 15 日	国法备字［2018000367］
西宁市生活饮用水二次供水管理办法	2018 年 1 月 17 日	国法备字［2018000368］

二、2018 年 2 月份报国务院备案并予以登记，本汇编未收的国务院部门规章目录

航空器型号和适航合格审定噪声规定

（2017 年 12 月 12 日交通运输部令 2017 年第 33 号公布　自 2018 年 1 月 12 日起施行　国法备字［2018000389］）

图书在版编目(CIP)数据

中华人民共和国新法规汇编. 2018年. 第3辑:总第253辑/国务院法制办公室编. —北京:中国法制出版社,2018.3

ISBN 978-7-5093-9360-4

Ⅰ.①中… Ⅱ.①国… Ⅲ.①法规-汇编-中国-2018 Ⅳ.①D920.9

中国版本图书馆CIP数据核字(2018)第052751号

中华人民共和国新法规汇编

ZHONGHUA RENMIN GONGHEGUO XIN FAGUI HUIBIAN

(2018年第3辑)

编者/国务院法制办公室

经销/新华书店

印刷/三河市紫恒印装有限公司

开本/850毫米×1168毫米 32开　　印张/7.875 字数/168千

版次/2018年3月第1版　　2018年3月第1次印刷

中国法制出版社出版

书号 ISBN 978-7-5093-9360-4　　定价:18.00元

北京西单横二条2号

邮政编码100031　　传真:66031119

网址:http://www.zgfzs.com　　**编辑部电话:66066621**

市场营销部电话:66033393　　**邮购部电话:66033288**

(如有印装质量问题,请与本社印务部联系调换。电话:010-66032926)